Sommaire

Avant-propos

La collection des Annales du droit a comme ambition de fournir un nouvel outil de travail aux étudiants de la licence en droit mais aussi à tous ceux qui suivent des enseignements juridiques dans le cadre des instituts d'études politiques ou des préparations aux concours administratifs.

Les Annales du droit se présentent comme le **complément nécessaire du manuel ou du cours** oral dans les disciplines fondamentales du droit que sont l'introduction au droit et le droit des personnes et des biens, le droit constitutionnel, le droit civil des obligations et le droit administratif.

L'analyse systématique des institutions, des procédures et des relations juridiques qui est faite de manière didactique dans les manuels et les cours est le premier versant de la formation juridique. Le second versant est la mise en œuvre et l'application de ces notions, la présentation organisée d'une question juridique, l'analyse des sources du droit, la résolution d'une question pratique. C'est ce second versant que doivent permettre de gravir les Annales du droit en exposant la méthodologie des exercices demandés à tout juriste et l'illustrant par la présentation des sujets corrigés qui ont été donnés dans un échantillon représentatif d'universités françaises.

Mode d'emploi des Annales du droit

Conçues et dirigées par un enseignant qui a accepté de prendre la responsabilité d'un des quatre ouvrages consacrés aux disciplines de base, les Annales du droit, publiées par les éditions Dalloz depuis un quart de siècle, sont tout d'abord des **ouvrages de méthodologie**.

Le responsable de l'ouvrage présente les différentes méthodes qui sont utilisées dans l'enseignement du droit en accompagnant cette présentation de conseils pour les trois principaux types d'exercice qui sont demandés aux juristes, que ce soit dans le cadre du contrôle continu, des examens ou des concours :

• **la dissertation**, exposé systématique d'une question avec ses exigences de présentation et d'analyse du sujet, de plan, d'organisation des idées ;

• **le commentaire** qui peut porter sur un texte de droit international ou de droit communautaire, une loi, un règlement, une décision de jurisprudence et qui doit permettre de comprendre le sens du texte, d'en mesurer la portée, les apports, de l'évaluer ;

• **l'étude de cas** consistant à appliquer à une question pratique les connaissances acquises, à replacer la question posée dans son environnement juridique et à rechercher la solution d'un litige.

La collecte de l'information disponible et actualisée étant l'un des préalables à tout travail juridique, les Annales comportent également l'**exposé des méthodes de recherches bibliographiques et des outils informatiques** disponibles.

Les conseils méthodologiques sont illustrés par une **vingtaine de sujets corrigés** choisis parmi ceux qui ont été **donnés dans les universités françaises** lors des dernières sessions d'examen. À cet effet, et selon une méthode originale par rapport aux ouvrages de même type, les professeurs responsables des enseignements de la discipline à laquelle est consacrée chacune des quatre Annales ont accepté de présenter les sujets qu'ils ont retenus pour l'examen et d'en faire le corrigé. Les Annales du droit illustrent ainsi la diversité des analyses qui est le propre de la méthode universitaire.

Les Annales du droit sont conçues comme devant être l'accompagnement nécessaire des cours et des manuels. À cette fin, **les sujets retenus sont présentés en suivant le plan habituel des cours consacrés à la matière** : ils en illustrent et complètent les grandes parties.

Pour chaque sujet est indiqué le **thème principal** qui en est l'objet. Les **mots-clés**, enfin, recensent les principaux points de droit abordés dans chaque sujet corrigé. L'index thématique qui figure en fin d'ouvrage permet de retrouver aisément les questions et les points de droit que le lecteur souhaite étudier.

Yves Jégouzo

Introduction au droit et droit civil

Hormis sur quelques points particuliers (par exemple l'application de la loi dans le temps), le programme d'introduction au droit et droit civil de première année de licence ne présente pas de difficulté particulière de compréhension. Il est à la portée de tout esprit normalement constitué. La principale difficulté est ailleurs : elle tient, d'une part, à la découverte d'une matière nouvelle (I) et, d'autre part, à la méthode spécifique aux exercices juridiques (II). Le présent ouvrage a pour ambition d'initier son lecteur à l'une et à l'autre.

I / Le droit, une matière nouvelle pour les étudiants

Pour la plupart des étudiants de première année, le droit est une matière nouvelle. En effet, le lycéen qui envisage d'entreprendre des études supérieures de mathématiques, de sciences, de lettres ou de philosophie a déjà eu, durant son cursus secondaire, un contact avec ces matières. Il sait donc, au moins en partie, ce qu'elles recouvrent et sait aussi si ce qu'il en connaît lui plaît. Il n'en est pas de même en droit, puisque cette matière n'est pas enseignée dans les filières secondaires générales. L'étudiant en première année de droit se livre donc, en quelque sorte, à un saut dans l'inconnu. Pourtant, un peu comme l'air, le droit nous entoure. Et, tel Monsieur Jourdain, le nouveau bachelier a forcément déjà « fait » du droit : n'est-il propriétaire de rien ?; n'a-t-il jamais conclu de contrat ?; n'a-t-il jamais offert un cadeau ? C'est donc à la découverte de cet inconnu proche qu'il convient de se lancer.

Dans la plupart des universités, le premier semestre de la première année de licence est consacré à l'introduction à l'étude du droit. Il s'agit de conduire, à petits pas, l'étudiant vers la matière en lui en présentant à la fois la définition du droit, sa raison d'être et son architecture générale.

Dans le langage juridique, le terme « droit » peut avoir deux sens. Dans un premier sens, général, il désigne l'ensemble des règles de conduite qui s'imposent aux membres d'une société. On parle alors de « droit objectif », l'expression étant synonyme de loi, d'ordre juridique au sens le plus large de ces termes. On distingue, par exemple, le droit français du droit italien qui lui-même se distingue du droit américain... Dans toutes ces expressions, le mot « droit » est utilisé dans un sens objectif, son sens large. À ce sens large s'oppose un sens étroit ; au « droit objectif » s'oppose le « droit subjectif ». L'expression désigne une prérogative concrète reconnue aux individus par le droit objectif. Les titulaires de cette prérogative sont alors « sujets de droits ». Par exemple, le droit de voter lors d'une consultation électorale, le droit pour le locataire d'utiliser les lieux loués, le droit pour le vendeur de recevoir le prix sont des droits subjectifs.

La **raison d'être du droit** transparaît dans la définition que l'on a donnée du droit objectif : la vie en commun postule l'existence d'un minimum de règles générales et impératives qui définissent le contenu et les limites des droits de chaque individu. Dès lors, et même s'il en existe d'autres (la morale et la religion notamment), le droit apparaît aujourd'hui comme le principal régulateur de la vie en société. Nécessaire à tout groupement humain (*ubi societas, ibi jus* : là où il y a société, il y a droit), le droit a pour finalité d'assurer la paix sociale. Et pour y parvenir, on admet que les règles qu'il édicte doivent être justes, car seule la justice est propice à la paix. Cette finalité imprime à la règle de droit certains caractères : il s'agit d'une règle générale, impersonnelle, normative (la loi définit les comportements licites et ceux qui ne le sont pas) et, on l'oublie trop souvent, d'une règle humaine. De ce dernier caractère, on peut tirer deux enseignements : d'une part, comme toute œuvre humaine, la règle de droit n'est pas parfaite. Ce qui légitime à la fois sa réforme et son inflexion éventuelle par la jurisprudence (*summum jus, summa injuria*, disait-on autrefois : par une application très stricte de la règle de droit, on arrive parfois à une extrême injustice). D'autre part, la loi n'est plus légitime si elle a pour finalité l'asservissement de l'homme. Et il faut méditer la formule de Jean-Étienne Marie Portalis (l'un des rédacteurs du Code civil) : « Les lois sont faites pour les hommes et non les hommes pour les lois. »

L'**architecture générale de notre système juridique** est plus difficile à décrire. De plus, elle dépasse de façon considérable le cadre limité d'une introduction. C'est pourquoi on s'en tiendra à quelques idées générales, qui sont autant de points de repère pour le juriste débutant. Ces points de repère concernent l'origine de la règle de droit, son application et sa sanction.

A – L'origine de la règle de droit

Idéalement, dans un système démocratique fidèle à la séparation des pouvoirs prônée par Montesquieu, la règle de droit ne devrait provenir que de la loi votée par les représentants du peuple : les députés et les sénateurs. Pourtant, depuis la Constitution de la Ve République (4 oct. 1958), le domaine de la loi a été considérablement réduit, donnant ainsi au pouvoir exécutif d'importantes prérogatives législatives. Ainsi les matières qui sont du domaine de la loi sont-elles limitativement énumérées par l'article 34 de la Constitution. Et toutes les matières qui ne sont pas énumérées par l'article 34 ont un caractère réglementaire. Le pouvoir exécutif peut donc légiférer dans ces matières par la voie de règlements : décrets et arrêtés.

Reste que cette répartition du pouvoir de créer du droit est de plus en plus fortement concurrencée par les normes de source européenne. En effet, l'harmonisation des législations des États membres de l'Union européenne se traduit par une contrainte législative exercée sur ces États. En schématisant quelque peu, on peut dire qu'au moyen de directives, l'Union européenne oblige les États membres à adopter des règles de droit que les parlements nationaux de ces États n'ont pas votées. À titre d'exemple, on considère aujourd'hui que sur l'ensemble des règles applicables en France, un tiers seulement a une origine parlementaire ou exécutive interne. La plus grande part est donc de source européenne. Cette évolution, assez mal connue du grand public, est en partie inquiétante dans la mesure où les directives européennes n'émanent pas du Parlement européen, dont les pouvoirs sont très limités, mais de hauts fonctionnaires. Un droit technocratique est en passe de l'emporter sur le modèle démocratique que nous ont légué les philosophes du XVIIIe siècle, ce qui n'est pas très rassurant.

Il faut indiquer, enfin, qu'il existe d'autres sources du droit qui, si elles n'ont qu'un second rôle, ne sont pour autant pas négligeables. Il s'agit de la coutume, de la jurisprudence et, dans une moindre mesure, de la doctrine : celle-ci n'est pas source de droit, mais plutôt une « autorité » pour reprendre l'expression du doyen Carbonnier ou un « miroir critique » comme l'a montré Philippe Malaurie.

B – L'application de la règle de droit

Une fois entrée en vigueur, la loi peut être appliquée. Encore faut-il préciser sur quel territoire : c'est la question de l'application de la loi dans l'espace ; et pour quelle durée : c'est la question de l'application de la loi dans le temps.

L'**application de la loi dans l'espace** est gouvernée par un principe : le principe de la territorialité. La loi française est, par principe, applicable sur le territoire français, lequel est constitué de l'ensemble des terres émergées sur lesquelles s'exerce la souveraineté française. Pour autant, le principe de territorialité connaît d'importantes exceptions soit afin de respecter des particularismes locaux (cas des départements d'Alsace et de Lorraine, des départements et régions d'outre-mer – DROM – et collectivités d'outre-mer – COM), soit pour tenir compte du fait que la situation juridique à résoudre comporte un élément étranger. Il ne saurait être question ici de se substituer au cours. C'est pourquoi on se limitera à indiquer, à titre d'exemple, que le mariage des personnes de nationalité étrangère en France est soumis à leur loi nationale (du moins pour les conditions de fond, les conditions de forme étant soumises à la loi du lieu de célébration). Autre exemple : les faits juridiques (accident par exemple) sont soumis à la loi du lieu de leur réalisation.

L'**application de la loi dans le temps** est régie, quant à elle, par le principe de non-rétroactivité de la loi nouvelle (art. 2, C. civ.) : une loi nouvelle ne peut s'appliquer qu'aux situations qui sont nées postérieurement à son entrée en vigueur. Les situations en cours à l'entrée en vigueur de la loi nouvelle restent, par principe, soumises à la loi ancienne. Mais ce principe connaît, lui aussi, de nombreuses et importantes atténuations. Pour fixer les esprits, il suffit de dire que sont immédiatement applicables aux situations en cours : les lois de forme, les lois interprétatives ; en matière pénale, les lois de fond plus douces et, en matière civile, les lois d'ordre public. Il va de soi que ces grandes lignes doivent être précisées grâce aux éléments du cours ou de votre manuel.

C – La sanction de la règle de droit

La règle de droit n'est rien s'il n'est pas possible de contraindre ceux qui la violent à la respecter. L'existence d'une sanction est donc indispensable à l'efficacité de la règle. La possibilité de recourir à une contrainte étatique (nul ne peut se faire justice lui-même) est d'ailleurs l'un des critères qui permet de distinguer la règle de droit des autres régulateurs de la vie en société. Or, les sanctions qui garantissent le respect de la règle de droit sont tantôt préventives, tantôt répressives.

Les **sanctions préventives** visent à empêcher une violation de la règle de droit. On peut citer, par exemple l'opposition à mariage (art. 172 et s., C. civ.) qui permet aux proches parents des futurs époux de faire défense à l'officier d'état civil de célébrer un mariage auquel il manque une condition de validité. On peut citer encore le huis clos (art. 435 et s., C. pr. civ.) qui permet, pour les procès sensibles, d'empêcher que la sérénité des débats judiciaires soit troublée par des manifestations du public admis dans la salle d'audience.

Les **sanctions répressives** punissent la violation de la règle de droit. Elles peuvent être de nature pénale et atteindre la personne dans sa liberté (réclusion criminelle ou emprisonnement délictuel), dans ses droits (perte du droit de vote et de l'éligibilité ; interdiction d'exercer certaines activités…) ou dans son patrimoine (amendes, confiscations). Elles peuvent aussi être de nature civile. Il s'agit alors de l'annulation, de l'exécution forcée et de l'exécution par équivalent.

Au terme de cette rapide présentation de la matière, voilà le décor planté. Lecteur, tu as acquis une première idée de ce qu'est le droit. Mais le défi de la première année de licence ne réside pas seulement dans la découverte d'une matière nouvelle. Il impose aussi l'apprentissage d'une méthode.

II / Une méthode nouvelle

On entend souvent dire, ici ou là, que le droit serait, un peu comme l'orthographe (mais c'est n'avoir rien compris à l'orthographe…), sinon la science des ânes, du moins celle des éléphants, c'est-à-dire des individus doués d'une bonne et vaste mémoire. Pour réussir en droit, il suffirait d'apprendre, si possible par cœur, les articles du code. La proposition est à la fois irréaliste et erronée. Irréaliste car la mémorisation de l'ensemble du droit est impossible : le Code civil compte, à lui seul plus de 2 500 articles. Mais il faut y ajouter les autres codes, les textes non codifiés, la jurisprudence, les conventions internationales... Au total, plusieurs millions d'articles dont la mémorisation est impossible à l'esprit humain. Irréaliste, la proposition est aussi, et peut-être même surtout, totalement erronée. En effet, le droit n'est pas une matière purement technique, faite de la juxtaposition de dispositions desséchées. Il s'agit, au contraire, d'une matière sous-tendue par des idées, et animée par un raisonnement qui lui est propre.

De ce que **le droit est sous-tendu par des idées**, on donnera deux exemples simples, tirés du droit du mariage :

- lorsque l'article 212 du Code civil dispose que les époux se doivent mutuellement fidélité, il traduit la préférence du Code civil pour le mariage monogamique. L'article 147 du Code civil ajoute d'ailleurs que la polygamie est interdite ;
- lorsque les articles 161 et suivants du Code civil interdisent le mariage entre ascendants et descendants sans limitation de degré, ou entre collatéraux jusqu'au troisième degré de parenté inclusivement, ils traduisent en termes juridiques la prohibition de l'inceste.

Ces deux exemples montrent l'essentiel : derrière les règles de droit se trouve un raisonnement fondé sur des choix philosophiques. Étudier le droit, c'est refaire ce raisonnement et repenser ces choix ; c'est réfléchir sur ce que Montesquieu appelait en 1748 *L'Esprit des lois*.

Le droit met aussi en œuvre un raisonnement spécifique. Toute règle juridique est construite selon la structure *si... alors*. Le *si* correspond à une situation, à une hypothèse ; le *alors* désigne la conséquence que la loi attache à cette situation.

Par exemple, lorsque l'article 312, alinéa 1er, du Code civil dispose : « l'enfant conçu ou né pendant le mariage a pour père le mari », il vise une situation, de fait (l'enfant né d'une femme mariée) à laquelle il attache un effet de droit (cet enfant a pour père le mari de la mère, il est légitime). De même, lorsque l'article 311-1 du code pénal dispose : « le vol est la soustraction frauduleuse de la chose d'autrui », il vise une situation de fait (la soustraction frauduleuse d'une chose appartenant à autrui) à laquelle il attache une conséquence juridique (cette soustraction constitue un vol, elle est donc passible des peines prévues pour le vol : trois ans d'emprisonnement et 45 000 euros d'amende). Cette structure porte le nom de syllogisme.

Lorsqu'il est saisi d'une situation de fait, le rôle du juge consiste à faire fonctionner le syllogisme. Il doit comparer la situation dont il est saisi avec celle qu'envisage le texte qu'on lui demande d'appliquer. Cette opération intellectuelle de comparaison s'appelle la qualification. Il doit, ensuite, en déduire la conséquence. Deux hypothèses peuvent se présenter. Ou bien la situation de fait dont le juge est saisi correspond à celle que vise le texte : il doit alors appliquer à cette situation de fait les conséquences prévues par la loi. Ou bien la situation de fait ne correspond pas à celle prévue par le texte, et il ne peut pas appliquer ce texte-là à ces faits-là. Il faudra alors rechercher un autre texte correspondant mieux aux faits dont le juge est saisi. Qualification et déduction (on dit aussi sanction) sont les deux principales étapes du raisonnement juridique.

Après ce bref aperçu de la matière, le présent ouvrage a pour but de donner au lecteur des conseils méthodologiques assortis d'annales corrigées.

La dissertation juridique

Pour réussir une dissertation juridique, il faut d'abord comprendre la nature de l'exercice, laquelle commande de respecter une méthodologie relativement stricte.

La dissertation juridique n'est **pas un devoir de récitation du cours**. Il ne s'agit pas de reproduire des connaissances d'ailleurs plus ou moins bien comprises mais de réfléchir à un sujet, en utilisant certes les connaissances acquises pendant l'année, mais surtout en élaborant une **réflexion personnelle** et, en ce sens, originale. Dès lors, la dissertation ne fait pas appel à la mémoire, mais à l'intelligence et à la réflexion. Il est donc vain de tenter de rapprocher le sujet à traiter de tel ou tel chapitre du cours, voire de telle section ou de tel paragraphe. Car l'approche (analytique) qui est celle d'un cours diffère sensiblement de celle (synthétique) qui est exigée dans une dissertation. **La dissertation est une démonstration** : vous devez livrer au correcteur votre approche de la question posée, en la justifiant par des considérations juridiques. Dès lors, un bon devoir ne doit pas se limiter à une explication technique des mécanismes juridiques que vous discutez. Il doit indiquer en outre comment ces mécanismes se rattachent au sujet, et pourquoi tel mécanisme est cité à tel endroit de la démonstration et pas ailleurs. Il s'agit donc d'un exercice difficile, qui impose le respect d'une méthode adaptée.

La construction d'une dissertation juridique se décompose en plusieurs étapes : signification du sujet, recherche de la matière, construction du plan, introduction, conclusion, rédaction et relecture.

I / Signification du sujet

Il est impératif de **lire plusieurs fois le sujet** pour être certain de bien le comprendre. Cela vous évitera des hors sujet, des contresens ou des oublis. Même si le conseil peut paraître un peu scolaire, le plus simple est sans doute de procéder en deux temps. Il faut, tout d'abord, rechercher **la signification de chaque mot pris isolément, puis la signification de tous les mots ensemble**. Les deux étapes sont indispensables et complémentaires. L'approche mot à mot permet de découvrir d'éventuelles polysémies (par exemple, le mot « silence » peut signifier soit le fait de se taire, soit l'absence de disposition expresse de la loi ou du règlement ; le mot « consentement » désigne soit un accord de volonté entre plusieurs personnes, soit, au sein de cet accord, la volonté de chacune des parties contractantes [on parle de vices du consentement] ; le mot « loi » comporte un sens matériel et un sens formel ; le mot « directeur » est tantôt un adjectif, tantôt un nom, etc.). Quant à l'approche du sujet dans sa globalité, elle permet non seulement de le comprendre, mais aussi d'éliminer certaines fausses pistes. Par exemple, dans l'intitulé suivant « la liberté patrimoniale du mineur », le mot « liberté » ne doit pas être pris dans le sens classique de « droit fondamental de faire tout ce qui ne nuit pas à autrui » mais dans celui d'autonomie, d'exercice sans entrave de ses droits patrimoniaux. Le mot « mineur » ne doit pas être pris dans le sens d'« enfant ». Lorsqu'on en a, on reste toujours l'enfant de ses parents, même lorsque l'on devient majeur.

Afin de dégager la signification du sujet, il faut écarter les sens qui ne correspondent pas au sujet posé et justifier ce choix dans l'introduction.

Enfin, durant la réflexion sur la signification du sujet, il est important de noter sur un papier les idées qui viennent à l'esprit afin d'éviter qu'elles ne se perdent par la suite. Cela est d'autant plus utile, que l'étudiant n'a pas le temps de rédiger son devoir au brouillon. Le brouillon sert à construire le plan détaillé et, éventuellement, à rédiger l'introduction. Il ne faut surtout pas rédiger l'intégralité de la dissertation au brouillon car vous n'auriez pas le temps de la recopier.

II / Recherche de la matière

La signification du sujet étant précisée, il faut passer à l'étape suivante : celle de la recherche de la matière. Il s'agit ici de se demander quels éléments doivent être retenus et quels sont ceux qui doivent être exclus.

Sauf si le sujet vous impose une telle limitation (*ex. : l'abus en droit de la famille*) vous devez **rechercher la matière de votre réflexion sans vous cantonner à un domaine précis du droit** : réfléchissez non seulement du point de vue du droit civil, mais aussi en droit commercial, en droit des sociétés, en droit fiscal, en droit de l'urbanisme, en droit rural, et même en droit pénal ou en droit public… Sans doute le conseil est-il difficile à mettre en œuvre au stade de la première année. Mais ce n'est pas une raison suffisante pour y renoncer.

Pour cette recherche de la matière, le plus simple est de parcourir la table alphabétique des codes. Ces tables recensent en effet, les principaux mécanismes juridiques.

Pour chaque élément trouvé (ou chaque entrée de la table si vous travaillez avec un code), il faut **vérifier que cet élément ou cette entrée se rattachent bien au sujet à traiter**. À l'expérience, on constate que certains éléments s'imposent, que d'autres sont exclus, et que d'autres enfin sont à la marge. Pour ces derniers, il vous appartient de prendre parti (inclusion dans le devoir ou exclusion) en justifiant votre choix. Par exemple, dans un sujet sur « le couple en droit civil », il est certain que les thèmes du mariage, du concubinage et du pacte civil de solidarité (Pacs) entrent dans le sujet. Il est tout aussi certain que le thème de la filiation n'y est pas compris. Quant au thème de l'autorité parentale, il est à la marge du sujet (l'autorité est exercée en commun par les deux membres du couple, mais elle concerne au premier chef l'enfant) et vous pouvez, selon votre sensibilité, l'y inclure ou l'en exclure. **Mais il est impératif de justifier votre choix.** D'une part, cela permettra au correcteur de comprendre ce choix ; d'autre part, cela lui montrera que vous aviez bien pensé au thème que vous avez, finalement, choisi d'exclure (le fait d'y avoir pensé peut être important dans la notation finale).

Une fois le recensement des éléments du sujet terminé, vous devez vous demander de quelle manière ces éléments se rattachent au sujet : il y a des éléments illustratifs d'une idée, d'autres qui s'y opposent… Cette étape est capitale car elle jette les bases de votre discussion future. **Demandez-vous quelle est (ou quelles sont) l'idée (ou les idées) directrice(s) du sujet.** Lorsque vous les avez découvertes, discutez ces idées et/ou les mécanismes qui en sont l'illustration.

La discussion doit être conduite *de lege lata* (c'est-à-dire d'après le droit tel qu'il est), mais aussi *de lege ferenda* (d'après le droit tel qu'il devrait être : dans la perspective d'une réforme). Discutez également en légalité (le mécanisme étudié est-il conforme à la loi ?) et en opportunité (la solution est-elle concrètement bonne ? ; satisfait-elle les impératifs de justice, de sécurité juridique, de prévisibilité de la règle de droit ? ; tient-elle compte des exigences de la pratique, de la vie des affaires ? ; est-elle de nature à assurer la paix sociale ?).

Vous devez, enfin, **donner votre sentiment personnel et le justifier**. N'hésitez pas à faire état des opinions doctrinales, des données jurisprudentielles, des données de droit comparé ou des aspects pratiques que vous connaissez.

III / Construction du plan

La dissertation juridique est sans doute l'exercice dans lequel les exigences de forme sont les plus contraignantes.

Le plan est l'art du regroupement. **Ce regroupement doit être logique et au service de la démonstration que vous entendez faire.** Il doit vous permettre non seulement d'exposer votre démonstration, mais aussi de convaincre votre correcteur de la cohérence de votre pensée et de la pertinence du cheminement choisi pour l'exprimer. Il n'y a donc jamais de plan type, qu'il serait possible de réutiliser d'une dissertation à l'autre. Le plan est le résultat d'une démarche personnelle commandée tout à la fois par la nature du sujet et par la personnalité du candidat.

Faites un plan, si possible en deux parties et deux sous-parties. Le plan en trois parties est délicat à manier. Il vaut mieux s'en méfier. En aucun cas votre plan ne doit faire quatre, cinq voire six parties… il ne s'agirait plus alors d'un plan mais d'une succession de paragraphes.

Le plan idéal de la dissertation est donc du genre suivant :

- *I/* …
    - *A* – …
    - *B* – …
- *II/* …
    - *A* – …
    - *B* – …

Privilégier les **intitulés brefs** (l'intitulé est une étiquette indiquant le contenu de la partie ou de la sous-partie ; une étiquette est toujours brève !). Les intitulés doivent commencer par un article (le, la, les, un, une... : l'existence d'un abus de droit, la sanction de l'abus de droit).

Au stade de la première année, il est plus sage de privilégier les intitulés techniques. Les plans d'idées sont plus risqués : si le correcteur ne partage pas vos idées, non seulement vous risquez d'être pénalisé sur le fond, mais le plan aussi va s'écrouler alors qu'un plan technique vous met à l'abri de ce dernier risque.

Les éléments les plus importants de la démonstration doivent être placés dans le I/ B et le II/ A.

IV / Rédaction

A – Introduction

C'est une partie importante. Elle vous permet d'influencer favorablement le correcteur. Elle montre également si vous avez bien compris le sujet, et elle indique la manière dont vous allez l'aborder. Le plus difficile est de commencer : vous pouvez utiliser des citations ou un adage latin pour passer le cap de la première phrase (pour peu qu'ils aient quelque rapport avec le sujet à traiter !). À défaut, il suffit de **présenter le problème étudié dans une courte phrase d'attaque**.

Selon l'orthodoxie la plus pure, l'introduction doit représenter environ un tiers du devoir.

L'introduction comprend les développements relatifs à la signification du sujet (v. *supra*).

Après avoir défini le sujet, il faut ensuite élargir : montrer son importance, son actualité, ses aspects historiques, sociologiques, démographiques, économiques, par exemple, pour en venir ensuite aux aspects strictement juridiques et à la discussion du sujet lui-même : c'est le système de l'entonnoir.

La fin de l'introduction doit déboucher sur l'annonce du plan. Elle doit être rédigée dans un style léger : on peut mesurer l'utilité de cette technique tant pendant la durée du mariage (I) que lors de sa dissolution (II).

B – Conclusion

Idéalement, la conclusion poursuit deux objectifs : faire la **synthèse de ce qui a été dit** – vous devez y retracer les enseignements essentiels de votre réflexion; sous ce rapport, la conclusion constitue le point d'aboutissement de la démonstration – et **élargir la réflexion** soit en proposant une solution soit en formulant une question plus générale à laquelle conduit votre réflexion mais que vous n'avez pas traitée car elle ne rentre pas dans votre sujet.

C – Développement

N'oubliez pas que **vous écrivez pour être lu et surtout pour être compris** : la dissertation étant une démonstration, il faut que le lecteur puisse suivre continuellement le cheminement de votre pensée. À cette fin, on peut donner plusieurs conseils :

- privilégiez les phrases courtes;
- lorsque vous passez d'une idée à l'autre, il faut utiliser des mots de liaison : par ailleurs, ainsi, cependant, d'autre part, en revanche... Cela permet au lecteur de suivre plus facilement l'argumentation développée et de ne pas perdre le fil de votre pensée;
- utilisez les paragraphes : changez de paragraphe lorsque vous avez fini de traiter l'un des aspects de votre dissertation (une idée, un paragraphe). Cela contribue à la clarté de l'exposé et constitue un guide utile pour le lecteur;
- vous devez absolument proscrire les abréviations, et vous ne pouvez vous affranchir des règles de grammaire de syntaxe et d'orthographe qui ont leur importance dans la mesure où une mauvaise rédaction est souvent un obstacle à la bonne compréhension du fond par le correcteur.

Rappelons enfin que les annonces de plan et les transitions doivent être légères (évitez la formule « nous verrons donc dans un A... ») : annoncez votre intitulé et faites le suivre de (I) ou (A).

V / Gestion du temps

L'expérience montre que l'une des difficultés que rencontrent les étudiants lors des examens tient à la gestion du temps. En première année, la durée des épreuves écrites est le plus souvent de 3 heures (il faudrait être inconscient ou cruel pour donner une dissertation en 1 heure 30) ce qui est finalement très court. L'examen est donc une course contre la montre.

Pour ne pas se laisser prendre par le temps, il est possible de procéder de la manière suivante, en partant de la fin de l'épreuve et en remontant.

Sur une épreuve de 3 heures :

- retirer 10 minutes pour la relecture ;
- retirer le temps nécessaire à la rédaction (à vous de le déterminer ; le plus souvent, il faut compter 1 heure) ;
- il reste 1 h 50 : ce temps peut être réparti de la manière suivante :
  - signification du sujet : 20 minutes ;
  - recherche de la matière : 40 minutes ;
  - construction du plan : 30 minutes ;
  - introduction : 10 minutes ;
  - conclusion : 10 minutes.

Bien entendu, les indications ci-dessus peuvent varier d'un candidat à l'autre et d'un sujet à l'autre.

Enfin, il est très utile de pouvoir évaluer, en cours d'épreuve, si l'on est en avance ou en retard. À cette fin, et en fonction du timing que vous aurez arrêté, le plus simple est de noter sur votre brouillon les repères horaires. Vous saurez, par exemple, que vous devez avoir fini la recherche de la matière à 10 h 30, avoir terminé la construction du plan à 11 heures, etc.

Le commentaire de texte

L'étudiant de première année de licence peut être confronté soit à un commentaire d'article (de code ou de loi), soit au commentaire d'un texte de doctrine, soit, enfin, à un commentaire d'arrêt. Ce dernier exercice étant le plus courant et aussi le plus redouté des étudiants, c'est à lui que ce chapitre sera consacré.

Pour faire un commentaire d'arrêt, il faut d'abord bien comprendre ce qu'est un arrêt. **Un arrêt ou un jugement sont une solution que donne un juge à un problème de droit.** Dès lors, faire un commentaire d'arrêt consiste, d'une part, **à expliquer la solution** (pourquoi le juge a-t-il été conduit à retenir cette solution, sur quels textes s'est-il appuyé, etc.) et, d'autre part, **à la discuter**. Le commentaire d'arrêt n'est pas un devoir de récitation du cours. Il ne s'agit pas de reproduire des connaissances plus ou moins bien comprises mais de discuter la solution retenue par le juge en utilisant les connaissances acquises pendant l'année et en élaborant une réflexion personnelle sur l'arrêt. D'une certaine façon, le commentaire d'arrêt est une démonstration : vous devez livrer au correcteur votre sentiment sur la décision rendue, en le justifiant par des considérations juridiques. Dès lors, un bon devoir ne doit pas se limiter à une explication de l'arrêt (fiche d'arrêt); il y manquerait l'essentiel : le commentaire. Celui-ci doit faire ressortir l'avis de son auteur sur l'arrêt à commenter.

On l'a dit : pour faire un bon commentaire d'arrêt, il faut comprendre l'arrêt et le discuter. Pour comprendre la décision, on a recours à la fiche d'arrêt (également appelée fiche de jurisprudence). La recherche des idées de commentaire et la construction du plan ne viennent que par la suite.

Dès la première lecture de l'arrêt, s'il s'agit d'un arrêt de la Cour de cassation, il est utile de **repérer le visa** (il s'agit du texte sur le fondement duquel est rendue la décision) : cela vous permet d'avoir une idée de la question posée. Il est utile, également de lire le dispositif : vous saurez immédiatement si vous avez affaire à un arrêt de rejet ou de cassation.

I / Fiche d'arrêt

C'est une **étape essentielle** : si vous avez mal compris l'arrêt, au mieux votre commentaire manquera de pertinence, au pire, il sera totalement hors sujet. En outre, une très bonne fiche d'arrêt influence favorablement le correcteur. Elle lui montre que vous avez su discerner l'essentiel de l'accessoire, que vous avez compris les éléments importants de la décision, autant de points qui augurent bien de la suite du devoir. La fiche d'arrêt comporte plusieurs rubriques.

A – Les faits

Vous devez **sélectionner les faits importants** pour la solution du litige. Il faut les présenter succinctement mais précisément. Faites attention à la qualité juridique de chaque partie (qui est le demandeur, le défendeur, l'acheteur, le vendeur, etc.). Faites aussi attention aux dates qui peuvent avoir une incidence importante sur la loi applicable, la prescription ou encore la validité d'un acte juridique (acte accompli après l'ouverture d'une tutelle…).

B – La procédure

Vous devez décrire la **procédure antérieure à la décision commentée**. Concrètement, il faut retracer l'ensemble du processus judiciaire depuis la saisine du juge de première instance jusqu'à la saisine de la juridiction dont vous commentez la décision. Par exemple, si vous travaillez sur un arrêt de la Cour de cassation, vous devez retracer la décision du premier juge et celle de la cour d'appel. Reste que ce schéma peut se trouver perturbé dans plusieurs cas. Il peut arriver que la solution du premier juge soit inconnue. Dans ce cas-là, exposez directement la solution de la cour d'appel. Mais il peut arriver aussi qu'il n'y ait pas eu d'arrêt d'appel (l'appel n'est pas possible quand l'intérêt litigieux est trop faible). Dites-le. Il peut arriver enfin qu'il y ait plusieurs pourvois en cassation.

Il faut alors être extrêmement attentif à la procédure pour ne pas commettre de contresens.

Dans la rubrique procédure, il faut faire une place aux **prétentions des parties** (on peut aussi en faire une rubrique à part...). Il convient notamment de préciser ce que chaque partie demande et sur quels arguments elle fonde sa demande.

C – Le problème de droit

Vous devez indiquer **la question de droit que tranche l'arrêt**. Ce point est essentiel et toute erreur à ce stade est le plus souvent fatale : si vous n'avez pas trouvé le bon problème de droit, vous aurez le plus grand mal à expliquer et commenter la solution que l'arrêt donne à ce problème. Votre devoir sera en partie (voire en totalité) hors sujet. La manière dont vous présentez le problème de droit montre votre bonne compréhension de l'arrêt. Le correcteur sera, d'ailleurs, très attentif à ce point.

La découverte du problème de droit est parfois délicate. Le plus souvent, vous pouvez le déduire des prétentions des parties. Il faut toutefois être attentif au point suivant : les prétentions des parties ne font parfois ressortir qu'un problème médiat, qui suppose la résolution d'une difficulté juridique différente, souvent préalable. C'est cette question qui constitue le problème de droit, dès lors qu'elle est tranchée par l'arrêt que vous commentez. *Par exemple, A assigne B en paiement d'une somme d'argent dont il soutient qu'elle lui serait due en vertu d'un contrat. B soutient qu'il ne doit rien. La demande de A ne peut aboutir que s'il est établi, au préalable, que le contrat était valable. Telle est la question que tranche l'arrêt; tel est le problème de droit.*

En cas de difficulté, il existe une méthode simple pour repérer et formuler le problème de droit. Elle consiste à rechercher l'attendu qui comporte la solution et à le transformer en une question.

D – La solution

Vous devez indiquer la solution que donne la juridiction au problème de droit qui lui était posé. Si l'attendu qui comporte la solution est trop long, il faut en extraire celle-ci afin de ne pas allonger inutilement le devoir.

E – Les motifs

Vous devez indiquer les motifs de droit et de fait qui ont conduit la juridiction saisie à retenir la solution que vous avez présentée plus haut. Il peut arriver que la motivation soit longue. Vous devez alors ne retenir que les motifs les plus importants. Il peut arriver aussi que les motifs soient très succincts. Cela nourrira le commentaire…

II / Recherche des idées de commentaire

La fiche d'arrêt terminée, vous n'avez accompli que la moitié du travail car vous n'avez encore effectué aucun commentaire. Il faut, bien entendu, se garder de la paraphrase qui n'apporte rien. **Un bon commentaire doit apporter, si l'on peut s'exprimer ainsi, une valeur ajoutée à la solution.** Pour cela, il faut démonter le mécanisme de la solution retenue par le juge afin de bâtir votre propre démonstration : pour résoudre tel problème, le juge s'appuie sur tel texte et il en déduit telle ou telle conséquence.

Les étudiants éprouvent souvent des difficultés pour trouver des idées de commentaire. Il est possible d'explorer plusieurs pistes. Vous pouvez commenter :

- **en légalité :** les textes utilisés par le juge étaient-ils applicables ? ; le juge les a-t-il bien appliqués ? ; la solution qu'il a retenue est-elle conforme aux textes qu'il a utilisés ? ; est-elle compatible avec les autres textes qui régissent la matière ? ; *de lege ferenda* (c'est-à-dire d'après le droit tel qu'il devrait être : dans la perspective d'une réforme), une autre solution devrait-elle être adoptée ?, etc. N'oubliez pas la logique et le bon sens, qui sont des qualités dont le droit ne peut pas se passer ;
- **en jurisprudence :** la solution retenue par l'arrêt est-elle conforme à la jurisprudence de la Cour de cassation ou des cours d'appel ? ; s'agit-il au contraire d'un revirement de jurisprudence ?
- **en doctrine :** s'il est important, le problème que tranche l'arrêt a sans doute été étudié par la doctrine qui a dû évaluer les avantages et les inconvénients des différentes solutions envisageables. Vous devez resituer la solution de l'arrêt commenté dans ce débat doctrinal ;
- **en opportunité :** il ne suffit pas qu'une solution soit correcte en droit. Encore faut-il que ses effets soient satisfaisants en fait. Une

solution juridiquement correcte qui produirait des conséquences de fait injustes ne mériterait sans doute pas d'être approuvée. N'oubliez pas que le droit a pour mission d'assurer la paix sociale en arbitrant justement entre des intérêts contradictoires. La solution que vous commentez respecte-t-elle ces préceptes ? Satisfait-elle les impératifs de justice, de sécurité juridique, de prévisibilité de la règle de droit ? ; tient-elle compte des exigences de la pratique ?, etc.

On peut citer enfin la piste de l'**histoire du droit** (le problème tranché par l'arrêt s'est-il déjà posé dans notre histoire ? ; comment avait-il été résolu ? ; avantages et inconvénients...) et celle du **droit comparé** (la solution retenue par l'arrêt commenté est-elle appliquée à l'étranger ? ; selon quelles modalités ? ; avec quels avantages et quels inconvénients ?...) en ayant conscience, toutefois, que ces pistes sont difficiles à explorer en première année.

Après avoir parcouru ces différentes pistes, vous devez avoir acquis un avis personnel sur la solution commentée. Vous devez impérativement faire état de votre avis et le justifier.

III / Construction du plan

Comme toujours dans un commentaire de texte, **c'est le texte qui donne le plan**.

Privilégiez la structure en deux parties et deux sous-parties déjà présentée pour la dissertation (v. *supra*).

Proscrivez les développements purement théoriques ou hors sujet.

Le plus simple, pour « coller à l'arrêt » est sans doute de reprendre la solution sous forme d'intitulés. On ne pourra pas vous reprocher de vous être éloigné de la décision commentée.

Imaginons que le juge prononce le divorce pour faute aux torts exclusifs de l'un des époux coupable d'adultère ; qu'il rejette la demande de prestation compensatoire formée par cet époux et qu'il le condamne à verser une pension alimentaire pour les enfants communs. Le plan peut très facilement être le suivant :

- *I/ Le prononcé du divorce pour faute*
  - *A – L'existence de la faute*
  - *B – L'imputabilité de la faute*

- *II/ Les règlements patrimoniaux*
  - *A – Le rejet de la demande de prestation compensatoire*
  - *B – L'octroi d'une pension alimentaire pour les mineurs*

Les étudiants éprouvent souvent des difficultés à rédiger les sous-parties. Le plus simple est d'expliquer la solution et de la commenter ensuite. Chaque sous-partie aura donc, au moins, deux paragraphes.

Le devoir acquiert alors la structure suivante :

- *I/ Le prononcé du divorce pour faute*
  - *A – L'existence de la faute*
    - *explication*
    - *commentaire*
  - *B – L'imputabilité de la faute*
    - *explication*
    - *commentaire*
- *II/ Les règlements patrimoniaux*
  - *A – Le rejet de la demande de prestation compensatoire*
    - *explication*
    - *commentaire*
  - *B – L'octroi d'une pension alimentaire pour les mineurs*
    - *explication*
    - *commentaire*

NB : il n'est pas nécessaire de faire apparaître sur le devoir « explication ; commentaire ». Ce ne sont que des guides pour vous aider à structurer vos développements.

IV / Rédaction

A – Introduction

L'introduction du commentaire d'arrêt a une grande importance. Elle vous permet d'influencer favorablement le correcteur. Elle montre également si vous avez bien compris l'arrêt, et elle indique la manière dont vous allez l'aborder.

L'introduction comporte trois temps :

- **la phrase d'attaque :** le plus difficile est de commencer. Vous pouvez utiliser des citations ou un adage latin pour passer le cap de la première phrase (pour peu qu'ils aient quelque rapport avec le sujet à traiter !). À défaut, il suffit de présenter le problème étudié dans une courte phrase d'attaque ;

- **l'analyse de l'arrêt** : la fiche d'arrêt ;
- **l'annonce du plan** : comme on l'a déjà dit, le plan doit être construit sur l'arrêt. Les annonces doivent être les plus légères possible (évitez la formule : « nous verrons donc dans une deuxième partie… »). Glissez votre intitulé dans une phrase et faites-le suivre de (I) ou (II).

B – Conclusion

En principe, il n'y a pas de conclusion dans un commentaire d'arrêt. Tout au plus peut-on achever le devoir par une phrase de conclusion rappelant l'avis du rédacteur sur l'arrêt.

L'étude de cas, la consultation

Ces deux formes d'exercice se différencient de la dissertation en ce qu'elles sont des épreuves « pratiques ». La démonstration n'est pas exigée pour elle-même, dans un but purement académique, mais pour **dégager une solution concrète à un problème particulier**. À partir de connaissances théoriques, il faut élaborer une réflexion personnelle et appliquée aux circonstances factuelles données. La consultation n'étant qu'une variante du cas pratique, les conseils seront sensiblement les mêmes pour les deux exercices.

Le cas pratique est souvent considéré par l'étudiant comme l'exercice le moins redoutable, celui pour lequel il se sent le mieux armé. S'il est incontestable que l'énoncé d'une épreuve pratique est généralement plus intelligible qu'un arrêt, il n'en demeure pas moins que l'étudiant doit se livrer à une double recherche. Il doit tout d'abord **déceler les questions de droit** soulevées par l'espèce pour dégager ensuite les éléments de réponse correspondants et donner une solution concrète au cas pratique. De ce point de vue, le commentaire d'arrêt est plus aisé dans la mesure où la décision contient en elle-même la matière à développer et la solution retenue. Ici, l'énoncé ne rapporte que des faits bruts, qu'il va falloir traduire en termes juridiques. Il sera primordial de ne pas se tromper de qualification, point de départ de tout le raisonnement qui mènera à la solution.

La consultation procède fondamentalement du même esprit, à ceci prêt, qu'elle sera plus libre en la forme. L'étudiant devra jouer un rôle précis, en général celui du conseil d'une partie, pour donner un avis personnel et éclairé à son client.

Les **trois travers classiques** qui expliquent la faiblesse de la majorité des copies sont les suivants :

- certains font un devoir exclusivement théorique ou presque. Ayant ainsi décelé une ou plusieurs questions, ils se contentent de réciter le cours de manière plus ou moins complète. Or, le cas pratique ne peut jamais servir de prétexte à disserter sur un sujet, sa finalité n'étant pas de mener une réflexion abstraite. Lorsqu'il est mis de côté, ou ce qui revient au même, quand il est abordé à titre d'exemple ou entre parenthèses, le correcteur considérera que le sujet n'est pas traité ;

- d'autres soulèvent les questions juridiques, trouvent parfois même les solutions, mais n'expliquent rien. Le résultat n'est toujours pas atteint car le but de l'exercice est de **donner une solution argumentée**. Le raisonnement fait partie intégrante de l'épreuve et doit figurer en bonne place dans la copie ; il n'est pas question d'en faire l'économie puisqu'il justifie la solution retenue. Imagine-t-on un arrêt ou un jugement réduit au dispositif, passant les motifs sous silence ? La motivation est tout aussi indispensable dans vos copies ;
- d'autres enfin ne donnent pas de solution concrète à l'espèce, tout en démontrant par ailleurs certaines connaissances. S'il s'agit d'un défaut mineur, il n'en sera pas moins sanctionné. Après avoir posé les problèmes juridiques, rappelé les principes, les exceptions, le contexte jurisprudentiel, ou bien l'étudiant n'ose pas affirmer une solution et se retranche timidement derrière « le pouvoir souverain des juges du fond », ou bien il ne choisit pas entre plusieurs solutions envisageables. Il faudra alors considérer que le devoir est inachevé, que l'étudiant n'est pas allé jusqu'au bout de son raisonnement. En tout état de cause, rappeler les pouvoirs du juge est judicieux, mais cela ne dispense pas de rechercher quel parti il aurait pris dans telle affaire. Cela revient en définitive à jouer le rôle du juge ou du tribunal.

Il est important de ne pas brûler les étapes pour réussir son devoir, tout en ne perdant pas un temps précieux. Il est essentiel enfin de ne pas se tromper d'exercice, l'épreuve est « pratique », faut-il le répéter ?

I / Lecture du sujet

La délimitation de la matière est contenue dans l'énoncé du cas pratique. Les faits doivent en outre être tenus pour exacts (les suppositions sont à bannir) et si aucune précision temporelle n'est donnée, ils sont censés se dérouler au jour de l'examen. Il faut, par conséquent, lire très attentivement le cas pratique, plusieurs fois s'il le faut, pour l'exploiter comme il se doit.

Chaque lecture aura un but bien précis. **La première sert à découvrir le sujet dans son ensemble** car le cas pratique est un tout, les questions pouvant être liées et dépendre les unes des autres. Elle permet de dégager la chronologie des faits et de repérer les questions à traiter en prenant garde toutefois de ne pas se lancer à corps perdu dans un thème connu ou au contraire à écarter trop vite un aspect de l'affaire qui peut s'avérer important. La seconde lecture est plus active encore, **elle vise à séparer les faits pertinents des éléments anecdotiques** dont le seul but est de souligner le réalisme du propos sans intervenir dans la discussion juridique. Ainsi, les dates utilisées dans l'énoncé ne seront pas reprises, sauf si elles sont indispensables au raisonnement comme en matière d'application de la loi dans le temps ou de calcul du délai de prescription de l'action en justice par exemple. **La troisième lecture consiste à donner une signification précise aux faits, une qualification juridique exacte.** Si l'énoncé précise que l'enfant de 16 ans d'une femme célibataire veut agir en justice pour atteinte à sa vie privée, vous devrez traduire, en termes juridiques : qu'il s'agit d'un enfant mineur (16 ans), vraisemblablement naturel (issu d'une femme célibataire) ; qu'il ne pourra pas agir en justice seul (puisqu'il est mineur) mais qu'il faudra appliquer les règles de l'administration légale vraisemblablement sous contrôle judiciaire (à moins que l'autorité parentale soit exercée en commun, ce qui suppose que l'enfant ait une double filiation établie) ; vous devrez enfin vous demander s'il y a effectivement atteinte à la vie privée en fonction des éléments que vous livre l'énoncé. Preuve qu'une phrase en apparence anodine peut recouvrir des difficultés juridiques à la fois nombreuses et complexes. D'où l'intérêt de lectures successives et attentives.

Un soin tout particulier sera pris à noter au brouillon les éléments importants et à traduire en termes juridiques les faits ainsi résumés. Une fois ce travail accompli, ne pas abandonner pour autant le sujet, il sera nécessaire d'y revenir aux fins de vérification ou de complément d'information.

II / Recherche de la matière

Après avoir ciblé les grands thèmes qui doivent être abordés dans le devoir, il faut cerner plus précisément l'objet des développements à venir. Pour reprendre l'exemple précité, il n'est pas question de réciter tout ce que l'on sait sur la minorité, l'administration légale ou la protection de la vie privée : le temps limité de l'épreuve n'y suffirait d'ailleurs pas. L'approche doit être réfléchie et faire ressortir les éléments saillants du cas. Pour être judicieux, **le choix des questions à traiter doit épouser parfaitement les difficultés soulevées par l'énoncé**.

Si, dans telle situation donnée, il apparaît clairement qu'une solution ne peut être envisagée car elle suppose plusieurs conditions cumulatives dont il est certain que l'une fait défaut, il est inutile de passer minutieusement en revue les autres conditions. Non seulement cela serait du temps perdu, mais le devoir présenterait encore le double défaut de contenir des développements hors sujet, tout en étant superficiel sur l'essentiel. Il faut donc écarter d'emblée les mécanismes qui n'ont pas vocation à s'appliquer en justifiant l'exclusion par l'exposé rapide de l'objection majeure. Par exemple, si l'exposé des faits démontre de manière indiscutable que l'on est en présence d'une situation juridique d'absence (art. 112 et s., C. civ.), il est inutile de décrire par le menu la disparition (art. 88 et s., C. civ.) pour conclure, en fin de paragraphe, que ce mécanisme ne peut être retenu. Inconsciemment, le cas pratique est alors pris pour prétexte à réciter le cours et le devoir rate son but.

Si, au contraire, une hésitation est permise entre deux mécanismes proches, une analyse plus poussée de chacun est alors indispensable pour choisir entre eux celui qu'il est le plus pertinent d'appliquer.

Une fois les problèmes découverts, il faut rechercher les éléments de solution. De ce point de vue, le cas pratique est un **exercice d'ouverture d'esprit** : vous devez rechercher toutes les solutions (raisonnablement) envisageables et évaluer les chances de succès de chacune. Vous serez ainsi conduit à écarter certaines solutions et à en privilégier d'autres. En tout état de cause, il faut toujours expliquer pourquoi telle solution est retenue au contraire de telle autre. Les tergiversations stériles et les faux-fuyants seront portés au passif de la copie. Il faut prendre parti.

Enfin, chaque fois que cela est possible, l'étudiant doit **rapprocher les faits relatés de décisions de justice importantes** citées en cours, en travaux dirigés ou découvertes lors de lectures personnelles. Cette démarche est toujours appréciée du correcteur. Elle présente l'avantage de mieux traiter le cas pratique, souvent directement inspiré par tel ou tel arrêt. De sorte que le devoir s'enrichira du parallèle et permettra de confirmer la solution proposée. Il est donc fort conseillé de consacrer quelques lignes à l'arrêt (en indiquant la juridiction, la date, le problème juridique et la solution ; le rappel des faits est ici superflu).

III / Construction du devoir

La construction dépend très largement de la forme de l'énoncé, elle-même fonction de la durée de l'épreuve (1 h 30 ou 3 heures). En effet, l'épreuve pratique peut revêtir trois formes :

- **le cas pratique à questions multiples** : c'est la version la plus simple du cas pratique. Après avoir relaté les faits, l'auteur du sujet pose clairement plusieurs questions qui sont disséminées dans le texte ou regroupées en fin d'énoncé. Quant à la forme, le devoir ne présente alors aucune difficulté puisque le candidat doit répondre aux questions qu'il n'a pas à rechercher. C'est la seule hypothèse dans laquelle un plan classique ne sera pas nécessairement exigé. La rédaction, d'autant plus soignée, répondra néanmoins aux canons communs à toute épreuve pratique (v. *infra*) ;

- **le cas pratique sans question précise, dit « ouvert »** : c'est le vrai cas pratique dans lequel les questions ne sont pas même suggérées. Une formule générale peut être utilisée en fin de texte : « vous exposerez les conséquences juridiques de cette situation ». L'exercice est alors bien plus périlleux et la structure plus exigeante. Le plan est dicté par les questions soulevées mais ne doit pas tomber dans le catalogue. Un effort de réflexion et de synthèse doit se matérialiser dans un plan en deux parties, deux sous-parties, précédé d'une introduction. Les trois parties sont parfois envisageables au gré de l'affaire. La conclusion est toujours facultative dans la mesure où elle ne peut que rappeler la solution, l'exposé n'ayant pas été théorique ;

- **la consultation** : variante du cas pratique, elle poursuit les mêmes buts de recherche des questions et des solutions sans être aussi exigeante sur la forme. Le plan classique n'est pas obligatoire, surtout s'il vous est demandé de rédiger une lettre par exemple. L'exercice peut ainsi s'avérer déroutant justement par la liberté de sa structure. La rédaction sera alors le morceau de bravoure.

IV / Rédaction

Toutes les étapes de la rédaction doivent être soignées. De la qualité des notes prises au brouillon dépendent largement la précision et la rapidité de la rédaction. Chaque point du raisonnement doit y être précisé, l'effort de rédaction se concentrant alors sur l'unique formulation de l'idée. La seule partie qui peut être rédigée au brouillon est l'introduction.

Pour ce qui est des conseils généraux de rédaction (longueur des phrases, mots de liaison, etc.), se reporter à ce qui est dit pour la dissertation.

A – Introduction

Elle est moins longue et moins formaliste que pour un sujet théorique, elle est cependant indispensable. Au choix de l'étudiant, elle débutera par une **phrase d'attaque** (ayant un lien avec la question) ou faute de mieux, directement par le **résumé des faits** ne mentionnant que les éléments pertinents. Le correcteur déplore trop souvent un recopiage sans intérêt de l'intégralité de l'énoncé, débouchant de façon abrupte sur un plan artificiel, sans lien avec ce qui précède ni souvent avec ce qui suit. L'effet est désastreux. Le rappel des faits doit permettre de rétablir la chronologie des événements et de dégager les questions juridiques, c'est-à-dire d'annoncer par là même le **plan du devoir**.

B – Corps du devoir

Les intitulés des parties doivent correspondre exactement au plan annoncé en fin d'introduction. Ils doivent être synthétiques et révéler la nature de la difficulté à développer. Ils sont suivis d'un chapeau de quelques lignes dont l'unique fonction est d'annoncer les sous-parties. Il serait maladroit d'y insérer un développement, ce qui traduirait en outre une faille de la structure. Les transitions ménagent le passage d'une sous-partie à une autre. Chapeaux et transitions sont donc les maillons indispensables du raisonnement et ne doivent pas être sacrifiés par facilité ou par gain de temps, sous peine de dérouter le lecteur.

Les développements en eux-mêmes doivent comporter un **dosage équilibré de théorie et de pratique**. À l'intérieur des parties, la clarté, la précision et la rigueur sont de mise. Les solutions doivent toujours être fondées (référence à des principes, à des règles, à des articles des codes) et les idées ordonnées selon un principe simple. Il faut souligner l'élément pertinent (incapacité du mineur; vérification ou non de l'existence d'une atteinte à la vie privée). La démonstration ne sera convaincante que lorsque tous les éléments déterminants de l'espèce seront ainsi exploités. Pour l'atteinte à la vie privée, vous devez vous demander si les éléments dont vous disposez vous permettent de conclure à l'existence d'une telle atteinte. Vous devez rechercher tous les indices de fait allant dans ce sens ou, au contraire, contredisant l'existence de l'atteinte. Sachez donc décrypter les faits bruts qui peuvent de prime abord paraître anodins (d'où la nécessité de plusieurs lectures de l'énoncé).

En toute hypothèse, il ne saurait être question de faire un exposé théorique, en rappelant par exemple les conditions du divorce pour faute ou la procédure propre à ce divorce, pour préciser en guise d'explication conclusive que « ces conditions se retrouvent dans le cas pratique » ou que « c'est le cas en l'espèce ». Vous procédez alors par affirmation, non par démonstration, et n'élaborez aucun raisonnement.

C – Conclusion

Elle n'a pas la même fonction que dans un devoir théorique. Son but sera simplement de rappeler en deux ou trois lignes les solutions dégagées et peut-être de donner un conseil. Il ne peut pas y avoir d'ouverture vers une autre question puisque le propos était circonstancié.

* * *

Une **relecture attentive** du devoir est conseillée, qui permettra de corriger à la fois la forme et le fond. Remplacer les mots effacés, corriger les fautes d'orthographe, veiller à n'avoir rien oublié par rapport aux idées notées sur le brouillon et vérifier la cohérence de la démonstration sont des opérations indispensables. Il faut essayer d'avoir un dernier **regard critique** sur sa copie.

La recherche documentaire

La connaissance ne passe pas uniquement par la transcription scrupuleuse du cours, elle ne peut véritablement prospérer que par la recherche personnelle. Il est indispensable de savoir chercher les informations dont on a besoin et de ne pas se contenter, même en licence, des connaissances distillées durant les cours magistraux ou lors des séances de travaux dirigés. L'apprentissage d'une méthode de recherche doit débuter avec les études supérieures, de façon à maîtriser assez vite la technique, pour aborder le second cycle avec sérénité. L'étudiant acquiert ainsi une certaine autonomie. Il se familiarise avec des outils de travail qu'il utilisera plus tard, en fin d'études et parfois dans le cadre de son activité professionnelle. Il enrichit en outre sa réflexion personnelle, d'idées, de débats, de références documentaires qui n'ont pu, faute de temps, être cités *ex cathedra*.

Par ailleurs, les sources documentaires sont aujourd'hui suffisamment nombreuses pour que chacun puisse effectuer une recherche appropriée et efficace. Le seul danger qui n'est pas négligeable, est d'être submergé sous le volume d'informations, les publications devenant pléthoriques. Pour ne pas se perdre, il suffit pourtant de connaître les principaux matériaux existants et d'apprendre à les utiliser pour trouver aussi rapidement que possible l'information convoitée.

I / Les matériaux

A – Les ouvrages

Deux grandes catégories d'ouvrages doivent être distinguées, ceux qui viennent en complément d'un apprentissage ou d'une révision rapide de la matière et ceux qui ouvrent vers une recherche approfondie.

Leur diversité offre au lecteur la possibilité de travailler sur le ou les ouvrages qu'il comprend le mieux, compte tenu de son degré de connaissance de la discipline et de l'usage qu'il souhaite en faire (révision ou approfondissement). Veillez cependant à n'utiliser que les dernières éditions des ouvrages, pour ne pas faire à votre insu… de l'histoire du droit. Ce conseil est d'autant plus important lorsque l'on connaît l'inflation législative qui caractérise notre époque.

1 • Les manuels

Introduction au droit

J.-L. Aubert et É. Savaux, *Introduction au droit et thèmes fondamentaux du droit civil*, Sirey, coll. « Université ».

B. Beigner, C. Bléry, A.-L. Thomat-Raynaud, *Introduction au droit*, LGDJ, coll. « Cours ».

R. Cabrillac, *Introduction générale au droit*, Dalloz, coll. « Cours ».

J. Carbonnier, *Introduction générale au droit*, PUF, coll. « Thémis ».

G. Cornu, *Droit civil. Introduction au droit*, Montchrestien, « Précis Domat ».

P. Malaurie et P. Morvan, *Droit civil : introduction générale*, Defrénois.

F. Terré, *Introduction générale au droit*, Dalloz, coll. « Précis ».

Droit des personnes et/ou de la famille

A. Batteur, *Droit des personnes, des familles et des majeurs protégés*, LGDJ.

A. Bénabent, *Droit de la famille*, LGDJ, coll. « Précis Domat ».

J. Carbonnier, *Droit civil*, PUF.

G. Cornu, *Droit civil. La famille*, Montchrestien.

T. Garé, *Droit des personnes et de la famille*, Montchrestien, coll. « Focus ».

P. Malaurie, L. Aynès, *Droit des personnes, La protection des mineurs et des majeurs*, LGDJ.

P. Malaurie et H. Fulchiron, *Droit de la famille*, LGDJ.

F. Terré, C. Goldie-Genicon, D. Fenouillet, *Droit civil, La famille*, Dalloz, coll. « Précis ».

B. Teyssié, *Droit des personnes*, LexisNexis.

2 • Les traités

L. Boyer et H. Roland, *Introduction au droit*, Litec.

J. Ghestin, J. Hauser et D. Huet-Weiller, t. I : *La famille, fondation et vie* ; T. II : *La famille, dissolution*, LGDJ.

H., L. et J. Mazeaud, *Leçons de droit civil*, t. I, vol. 1 : *Introduction au droit*, par F. Chabas, Montchrestien.

H., L. et J. Mazeaud, *Leçons de droit civil*, t. I, vol. 2 : *Les personnes*, par F. Chabas, Montchrestien.

H., L. et J. Mazeaud, *Leçons de droit civil*, t. I, vol. 3 : *La famille*, par L. Leveneur, Montchrestien.

3 • Les Lexiques

R. Cabrillac (dir.), *Dictionnaire du vocabulaire juridique*, Litec, coll. « Objectif droit ».

S. Guinchard et T. Debard (dir.), *Lexique des termes juridiques*, Dalloz (annuel).

L. Boyer et H. Roland, *Locutions latines du droit français*, Litec.

L. Boyer et H. Roland, *Adages du droit français*, Litec.

H. Roland, *Lexique juridique des expressions latines*, Litec.

4 • Le Code civil

Le Code civil (dernière édition) doit **impérativement** être consulté après chaque cours, lorsque vous relisez vos notes et lorsque vous préparez vos travaux dirigés. Vous devez apprendre à travailler avec le code (lire les textes, identifier et comprendre les indications figurant sous les articles). Plus largement, il faut apprendre à travailler directement avec les sources. Stendhal affirmait d'ailleurs lire le Code civil tous les jours, par amour de son style…

B – Les revues

1 • Les revues généralistes

Le *Recueil Dalloz* (*D.*) ;

La *Semaine juridique*, édition générale (*JCP* G) ;

La *Gazette du Palais* (*Gaz. pal.* ou GP) ;

Les *Petites Affiches (LPA)*.

2 • Les revues spécialisées

La *Revue trimestrielle de droit civil* (*RTD civ.*) dans laquelle il faut lire la chronique du professeur Jean Hauser (droit des personnes et de la famille) ;

La revue *Droit de la famille* (*Dr. fam.*), revue mensuelle ;

La *Revue juridique personnes famille* (*RJPF*) également mensuelle.

C – Les sites Internet

L'outil informatique ne peut être négligé. Il permet en effet d'accéder à l'information en temps réel. Pourtant, l'étudiant de licence devra être prudent dans son utilisation. Les inévitables difficultés à distinguer l'indispensable du superflu, le document important de l'élément secondaire doivent l'inciter à ne l'utiliser qu'avec parcimonie et à privilégier la consultation des sites officiels. Ce faisant, il sera en outre assuré de l'authenticité de l'information qui lui est offerte (sauf précision expresse contraire, par exemple, lors du vote d'une loi au Parlement avant impression définitive du texte). Il est enfin toujours périlleux de tenir pour une théorie doctrinale acquise, ce qui n'est au fond qu'une opinion particulière à son auteur, contenue dans un site personnel.

La plupart des sites officiels renvoient les uns aux autres, mais lorsque l'on fait une recherche ciblée, le détail des adresses permet d'accéder directement à l'information recherchée. On trouvera ici quelques sites :

www.assemblee-nationale.fr : Site de l'Assemblée nationale. Il comprend l'agenda parlementaire, l'actualité, l'ordre du jour et le programme des travaux de l'assemblée sur trois semaines. Les projets et propositions de loi votés par l'Assemblée sont reproduits *in extenso*.

Ce site propose un lien avec La Documentation française où l'on peut trouver les dossiers d'actualité, les rapports publics et la liste des publications.

www.conseil-constitutionnel.fr : Site du Conseil constitutionnel. Il comprend l'actualité, les décisions du conseil, les références doctrinales et la Constitution de 1958. Il sera fort utile pour les enseignements de droit constitutionnel ;

www.courdecassation.fr : Site de la Cour de cassation. Il comprend l'actualité (colloques...), les rapports de la Cour et quelques arrêts sélectionnés ;

www.journal-officiel.gouv.fr : Site du *Journal officiel* (*JORF*). Il comprend le *journal officiel* du jour et les textes publiés au *Journal officiel* depuis 1998 (par legifrance, gratuité) ou depuis 1990 (par jurifrance, abonnement) ;

www.jurifrance.com : Site très complet sur abonnement. Ce site comprend les textes publiés depuis 1990, 72 codes officiels, des décisions du Conseil constitutionnel, de la Cour de cassation et des cours d'appel ;

www.justice.gouv.fr : Site du ministère de la Justice. Il comprend l'actualité générale et renvoie à d'autres sites. Il contient aussi des informations générales sur le ministère, sur son ministre, sur l'organisation et le fonctionnement de la justice en France ainsi que sur certains concours ;

www.legifrance.gouv.fr : Site juridique à vocation générale. Il permet l'accès à la Constitution, aux codes et lois, à la jurisprudence, au *Journal officiel*, à l'actualité juridique, aux traités et accords internationaux, au droit communautaire. Il est actualisé régulièrement, ce qui permet d'y trouver les réformes non encore intégrées dans les codes ;

www.senat.fr : Site du Sénat. Il est composé de dossiers d'actualité, des travaux parlementaires mais aussi de la liste des sénateurs ;

www.echr.coe.int : Site de la Cour européenne des droits de l'Homme sur lequel on peut trouver tous les arrêts rendus par cette juridiction ;

http://europa.eu.int : Site du Conseil de l'Europe ;

www.dalloz.fr : Site des éditions Dalloz. Il comporte, outre le catalogue de l'éditeur, des dépêches d'actualité (législation, jurisprudence...) et l'accès aux principaux fonds documentaires. Sur abonnement ;

www.juris-classeur.com : Site des éditions du Juris-Classeur. Il comporte le catalogue de l'éditeur, des dépêches d'actualité (législation, jurisprudence). Site gratuit (pour l'instant).

II / La méthode

La recherche documentaire ne présente pas toujours le même degré de difficulté, tout dépend de ce que l'on cherche : un document précis ou plus largement des informations sur un thème.

A – La recherche ponctuelle d'un document précis

Elle peut être facilement effectuée à partir de la référence exacte donnée en cours ou relevée dans un écrit juridique autorisé. Il suffit alors de bien noter cette référence (Civ. 2e, 20 févr. 2001, *D.* 2002, somm. p. 1793), de savoir la lire (il s'agit d'un arrêt rendu par la deuxième chambre civile de la Cour de cassation, le 20 février 2001, publié au *Recueil Dalloz*, de l'année 2002, dans la partie « sommaires commentés », p. 1793) et de rechercher le document. À ce titre, il est important de connaître sa nature (article de doctrine, décision jurisprudentielle, commentaire, texte de loi…), sa date et le lieu de publication, la page pouvant alors être facilement retrouvée dans les tables de l'ouvrage (chronologiques et alphabétiques).

La recherche d'un document existant, cité sans références, ne peut être effectuée qu'à partir des tables des revues (pour une chronique, un arrêt récent), des ouvrages classiques (pour une information importante plus ancienne) ou des Grands arrêts (pour une recherche jurisprudentielle).

Ce travail doit être régulièrement réalisé pour illustrer et compléter le cours, voire pour l'anticiper. Il permet de se familiariser avec les outils de base ; l'apprentissage de la méthode se fera ainsi peu à peu, tout naturellement.

B – La recherche plus générale d'informations sur un thème

Elle peut être effectuée dans le cadre de la préparation d'un exposé par exemple (existence d'articles sur un thème précis, position des juridictions sur telle question, historique, arrière-plan social), fait appel à de véritables qualités de chercheur. Le risque est celui de l'éparpillement peu productif aggravé par une cruelle perte de temps. Il faut être méthodique et suivre certains préceptes quelle que soit la recherche envisagée :

- toujours **commencer** ses recherches **par les publications les plus récentes** qui permettront de remonter facilement le temps et de retrouver sûrement toutes les publications antérieures sur le thème donné (citées en notes bibliographiques) ;

- **opérer sa recherche par mot-clef**, la difficulté étant parfois de le déterminer. Si le mot que vous recherchez n'apparaît pas dans la table alphabétique du code, effectuez la recherche à partir de notions voisines (pour parents, cherchez à père et mère) ou remontez au thème que concerne votre sujet (pour beaux-parents, cherchez à autorité parentale…) ;

- **prospecter dans plusieurs directions :** tout d'abord, les codes qui sont une mine de renseignements (pour les sources législatives, doctrinales et jurisprudentielles), ensuite les ouvrages (pour les explications et les idées) et les revues (généralistes et spécialisées pour les applications plus pointues). Toutes ces données se recouperont fatalement ;

- pour être sûr de faire le tour de la question, surtout en ce qui concerne les développements les plus récents (le dernier arrêt important, un projet de loi non encore commenté), consulter les derniers numéros des revues (non encore reliés) et utiliser les sites Internet.

Une dernière remarque s'impose en ce qui concerne la recherche d'articles ou de chroniques sur un thème précis : prenez garde à ne pas écarter prématurément un document qui semble ne pas correspondre à votre domaine d'intérêt, ou qui en est à la marge. À l'inverse, un article suggérant un recoupement avec l'objet de la recherche peut s'avérer décevant et ne pas traiter l'aspect attendu, ou très peu. Cela signifie tout simplement que l'auteur a choisi un angle de réflexion différent (pour lequel un parallèle avec votre recherche peut d'ailleurs être instructif et profitable). Mais, pour pouvoir s'en rendre compte, encore faut-il le lire ou le parcourir au moins rapidement ! Le tri des informations ne doit donc jamais se faire « à l'aveugle », au risque de tronquer vos recherches et de vous priver de précieux éléments de réflexion. En tout état de cause, l'oubli d'un document pertinent vous sera toujours reproché.

Le droit

› 1. QCM

Thème principal

Introduction au droit

Mots-clés

Notion de droit, Juges, Systèmes juridiques, Normes, Sources du droit, Juridictions, Classification des droits

*Reportez sur votre copie la ou les bonnes réponses (sous la forme 1a; 2b, c; 3b...) sachant que les questions recevant plusieurs réponses possibles sont signalées par une étoile *.*

1. L'annulation est :
- ☐ la disparition d'un acte pour l'avenir
- ☐ une abrogation
- ☐ l'anéantissement rétroactif d'un acte

2. La *summa divisio* est :
- ☐ une distinction admise dans tous les systèmes juridiques
- ☐ la distinction entre droits réels et droits personnels
- ☐ la distinction droit privé/droit public

3. Quel juge est compétent pour interpréter la Convention européenne de sauvegarde des droits de l'homme ?
- ☐ La Cour européenne des droits de l'homme
- ☐ La Cour de justice de l'Union européenne
- ☐ La Cour internationale de justice

4. Le préteur est :
- ☐ un magistrat de la cité romaine
- ☐ un magistrat de l'Union européenne
- ☐ un homme chargé de prêter des choses

5. * La règle de droit est supposée être :
- ☐ générale et impersonnelle
- ☐ spéciale et personnelle
- ☐ permanente et stable

Sujet donné et corrigé établi par

Ingrid Maria, Professeur, Université Grenoble-Alpes

Premier semestre 2019-2020

6. * Les droits extra-patrimoniaux sont :
- ☐ des droits pécuniaires
- ☐ des droits intransmissibles
- ☐ des droits indisponibles

7. * Une règle supplétive est :
- ☐ une règle impérative
- ☐ une règle optionnelle
- ☐ une règle à laquelle on peut déroger par contrat

8. Qu'est-ce que la *jurisdictio* ?
- ☐ Le pouvoir de dire le droit
- ☐ Le pouvoir de commandement
- ☐ L'*imperium*

9. * La procédure inquisitoire est :
- ☐ l'opposé de la procédure accusatoire
- ☐ une procédure menée par les parties
- ☐ une procédure menée par le juge

10. Les parlements de l'Ancien Régime étaient :
- ☐ des chambres d'édiction des lois
- ☐ des juridictions puissantes
- ☐ des organismes chargés de faire appliquer la loi

11. Le juge en principe compétent pour le contrôle de légalité est :
- ☐ le juge judiciaire
- ☐ le juge constitutionnel
- ☐ le juge administratif

12. La coutume est :
- ☐ une règle non reconnue comme source du droit
- ☐ un usage ancien, constant et reconnu comme une règle de droit
- ☐ une règle qui ne peut contredire la loi

13. Le Conseil d'État est :
- ☐ la juridiction suprême de l'ordre judiciaire
- ☐ le conseiller de l'État français auprès des instances européennes
- ☐ la juridiction suprême de l'ordre administratif

14. Le Droit français fait partie de la famille des droits :
- ☐ romano-germaniques
- ☐ de Common Law
- ☐ socialistes

15. Ne fait pas partie du bloc de constitutionnalité :
- ☐ le préambule de la Constitution de 1946
- ☐ la Charte de l'environnement de 2004
- ☐ la Constitution de la IIIe République

16. Le déni de justice est :
- ☐ le refus du juge de se prononcer
- ☐ le fait de rendre une décision injuste
- ☐ le fait, pour le juge, de ne pas respecter la loi

17. Les droits subjectifs sont :
- ☐ des droits que l'individu se donne à lui-même
- ☐ des prérogatives individuelles reconnues par le Droit
- ☐ des droits objectifs

18. La doctrine est :
- ☐ l'ensemble des écrits d'auteurs juristes
- ☐ les écrits des seuls docteurs en droit
- ☐ une source directe de droit

19. Le Code civil français date de :
- ☐ 1904
- ☐ 1805
- ☐ 1804

20. Un arrêt est :
- ☐ une décision rendue par un maire
- ☐ une décision de justice rendue par une Cour
- ☐ une décision de justice rendue par un Tribunal

› 2. *Sujet de réflexion*

Répondez, en organisant vos développements, à la question suivante (2 pages maximum) :

La loi est-elle la source suprême du Droit en France ?

› 3. Résolution de cas

Cas n° 1 :

Lorsque Jean Dupont a été embauché pour un contrat à durée indéterminée (CDI) dans l'entreprise « Dumoulin », la semaine de travail était de 39 heures. Quelques années après son embauche, le Parlement vote une loi ramenant la semaine de travail à 35 heures. Jean Dupont pourra-t-il bénéficier de cette mesure ?

Cas n° 2 :

Au cours d'un procès, Monsieur A demandeur, se prévaut d'une disposition issue d'un règlement de l'Union européenne et Monsieur B, défendeur, lui oppose une loi qui a été adoptée postérieurement au règlement. Lequel de ces deux textes doit normalement l'emporter ?

Cas n° 3 :

Monsieur Jansin vient d'apprendre que Mademoiselle Dutruc avait porté plainte contre lui pour viol. Il sait qu'il risque, à ce titre, 15 ans de réclusion criminelle. Mais son avocat lui dit qu'il est possible que le procureur ne le poursuive que pour agression sexuelle, infraction punie par le code pénal de 5 ans d'emprisonnement et de 75 000 € d'amende. Quelle incidence cela aura-t-il sur la juridiction susceptible de juger Monsieur Jansin ?

› Préparation

Analyse du sujet

Ce sujet permet d'évaluer plusieurs compétences attendues de l'étudiant en fin de cours d'introduction au droit : acquérir des connaissances élémentaires sur le droit et le système juridique français (sa structure, son histoire et son organisation), savoir mobiliser ces connaissances sous forme d'un sujet de réflexion imposant d'organiser ses idées (sans pour autant qu'un plan soit absolument attendu) et appréhender le raisonnement juridique pour résoudre des cas concrets.

› Corrigé

I / QCM

1 c (L'annulation est l'anéantissement rétroactif d'un acte)

2 c (La *summa divisio* est la distinction du droit privé/droit public)

3 a (Le juge compétent pour interpréter la Convention européenne de sauvegarde des droits de l'homme et la Cour européenne des droits de l'homme)

4 a (Le préteur est un magistrat de la cité romaine)

5 a et c (La règle de droit est supposée être générale et impersonnelle, permanente et stable)

6 b et c (Les droits extra-patrimoniaux sont des droits intransmissibles et indisponibles)

7 b et c (Une règle supplétive est une règle optionnelle et une règle à laquelle on peut déroger par contrat)

8 a (La *jurisdictio* est le pouvoir de dire le droit)

9 a et c (La procédure inquisitoire est l'opposé de la procédure accusatoire et une procédure menée par le juge)

10 b (Les parlements de l'Ancien Régime étaient des juridictions puissantes)

11 c (Le juge en principe compétent pour le contrôle de légalité est le juge administratif)

12 b (La coutume est un usage ancien, constant et reconnu comme une règle de droit)

13 c (Le Conseil d'État est la juridiction suprême de l'ordre administratif)

14 a (Le Droit français fait partie de la famille des droits romano-germaniques)

15 c (Ne fait pas partie du bloc de constitutionnalité la Constitution de la IIIe République)

16 a (Le déni de justice est le refus du juge de se prononcer)

17 b (Les droits subjectifs sont des prérogatives individuelles reconnues par le Droit)

18 a (La doctrine est l'ensemble des écrits des auteurs juristes)

19 c (Le Code civil français date de 1804)

20 b (Un arrêt est une décision de justice rende par une Cour).

II / Sujet de réflexion

Si le droit est complexe, la loi en est, sans nul doute, le symbole absolu. Aussi ne serait-il guère surprenant que la loi puisse être envisagée comme la source suprême du Droit en France. Encore faut-il s'entendre toutefois sur ce que recoupe le terme de « loi ». Pris dans un sens restreint, la loi désigne le texte émis par le Parlement français tandis qu'au sens large, le terme renvoie à tout texte normatif (en ce sens on peut parler des lois de l'Union européenne par exemple pour les règlements émis par celle-ci). Les deux significations conduisent évidemment à accorder plus ou moins d'importance à la loi comme source du droit. Mais que faut-il entendre par source du Droit ?

Il est généralement entendu que les sources du Droit peuvent être soit réelles ou matérielles soit formelles. Si le dernier adjectif renvoie aux véritables sources du droit que sont la loi, le règlement, la coutume et les textes internationaux, les premiers conduisent à une acception beaucoup plus large de la notion de source du droit puisqu'elles désignent toutes les sources d'inspiration du Droit donc des sources indirectes telles que la doctrine.

Se demander si la loi est la source suprême du Droit en France suppose de s'interroger sur la place de la loi dans les sources du droit existantes. Occupe-t-elle la place la plus haute ? Peut-on considérer qu'elle domine toutes les autres sources du droit ?

La réponse eût été certainement positive au XIXe siècle, époque où la loi était adulée par les exégètes suite à l'entrée en vigueur du code Napoléon en 1804. Cette tradition légicentriste laisse à penser que la loi est bien, en France, la source suprême du Droit (I). Néanmoins, le droit français a considérablement évolué depuis deux siècles. Aujourd'hui la loi est une source du droit largement concurrencée par d'autres (II).

NB : Ce sujet appelle une démonstration dialectique sous forme thèse/antithèse avec, dans l'idéal, la thèse défendue dans la seconde partie des développements. Il est donc impératif de présenter des arguments en faveur d'une réponse positive et d'autres en faveur d'une réponse négative. Il importe aussi que l'étudiant prenne clairement position après avoir présenté ces divers arguments.

1 • La loi, source suprême du droit français

Plusieurs arguments permettent de considérer qu'encore aujourd'hui la loi paraît être la source suprême du Droit en France.

D'abord, le droit français est classé parmi les pays de droit écrit par opposition aux pays de Common Law. Dans les premiers, la loi est regardée comme une source première du Droit. Les juristes cherchent d'abord la solution des problèmes de Droit dans les textes ; les autres sources telles que la coutume, la jurisprudence, voire la doctrine, apparaissent d'importance plus réduite. Au contraire, les pays de Common Law accordent une prééminence certaine à la jurisprudence.

Ensuite, en France, les juges doivent généralement viser un texte de loi pour prendre leur décision. Ainsi la Cour de cassation doit nécessairement viser un texte lorsqu'elle censure une décision du fond. Cette obligation souligne l'importance de la loi et sa supériorité par rapport à la jurisprudence. Ce raisonnement ne tient toutefois que s'il est retenu une acception large du terme de loi. En effet, les juges fondent de plus en plus leur décision sur des textes internationaux. La fondamentalisation du droit conduit à faire prévaloir la Constitution et les contentions internationales.

La loi ne peut donc être regardée comme la source suprême en France que si elle est prise dans un sens large : celui de texte ou de droit écrit. Mais, même envisagée dans ce sens, elle est loin d'être la seule source du droit et perd de sa prééminence au sein de ces sources.

2 • Loi, source de droit concurrencée par d'autres

Si la loi prise dans son acception stricte n'est certainement pas la source suprême aujourd'hui en France, il en va de même de la loi entendue au sens large en raison de la concurrence que lui fait le juge.

Dans son sens strict de texte adopté par le Parlement, la loi est évidemment soumise à la Constitution et aux conventions internationales. Ainsi le théoricien autrichien Hans Kelsen a offert la plus célèbre des présentations de l'agencement des normes sous forme de pyramide. Selon lui, les normes ne sont pas à égalité mais les unes au-dessus des autres dans un rapport de normes supérieures à normes inférieures. Chaque norme est fondée sur une norme supérieure qui, elle-même, tire sa validité d'une norme supérieure. Or, Kelsen ne place nullement la loi au sommet de la pyramide. C'est la Constitution qui est supérieure à toute autre norme. Si, aujourd'hui, cette suprématie est contestée par les traités internationaux, elle n'est en aucun cas disputée par la loi interne.

Cette importance donnée aux textes constitutionnels et internationaux explique également une place de plus en plus notable faite au juge dans la création du droit. Depuis le fameux arrêt *Jacques Vabre* rendu par la Cour de cassation en 1975 et son homologue dans l'ordre administratif en 1989 (arrêt *Nicolo* du Conseil d'État), les juges du fond peuvent écarter la loi française dès lors qu'ils la jugent contraire à un texte international. Or, les juges n'ont pas manqué de se saisir de ce pouvoir qui leur était donné pour passer outre certaines prescriptions législatives (v. par exemple la jurisprudence *Mazurek* qui a permis d'écarter les dispositions discriminatoires qui frappaient l'enfant adultérin). Dans la même perspective, depuis la révision de la Constitution en 2008 qui a introduit la question prioritaire de constitutionnalité, nombre de dispositions législatives ont été remises en cause pour non-conformité à la Constitution. Enfin, plus récemment, la Cour de cassation pourtant traditionnellement fidèle à la loi, a usé du contrôle de proportionnalité pour écarter des textes français qu'elle jugeait contraires aux droits et libertés fondamentaux (ex. Civ. 1re, 4 déc. 2013 sur le mariage incestueux).

Déjà autrefois il existait des coutumes *contra legem* (soit des coutumes qui vont à l'encontre des prescriptions de la loi) qui étaient considérées comme une source de droit valable chaque fois que la loi mise en cause était supplétive ou interprétative de volonté. La suprématie de la loi était donc parfois remise en cause. Elle l'est aujourd'hui de plus en plus fréquemment de sorte que la loi ne peut être regardée comme la source suprême du droit en France.

III / Résolution de cas pratique

Cas n° 1

(*résumé des faits*) Un homme a signé un contrat de travail à durée indéterminée sous l'empire d'une loi qui fixait la durée du travail à 39 heures. Peut-il se prévaloir d'une loi votée postérieurement et ramenant la durée de travail à 35 heures par semaine ?

(*qualification des faits*) Il s'agit ici des effets d'un contrat de travail en cours de réalisation lorsque la loi nouvelle entre en vigueur. Autrement dit, il s'agit d'une situation contractuelle en cours au moment de l'entrée en vigueur de la loi nouvelle.

(*règle applicable*) Lorsqu'un contrat a été conclu avant la loi nouvelle mais a encore des effets au moment de l'entrée en vigueur de celle-ci, le contrat est maintenu sous l'empire de la loi en vigueur lors de sa formation et ce, même si ses effets continuent à se dérouler après la loi nouvelle. La survie de la loi ancienne permet de ne pas déjouer la prévision des parties au contrat. Toutefois, si la loi nouvelle répond à des exigences impérieuses d'ordre public, elle s'appliquera immédiatement à tous les contrats en cours. La jurisprudence est particulièrement exigeante : la Cour de cassation évoque ainsi des « considérations d'ordre public particulièrement impératives » (Civ. 1re, 4 déc. 2001) ; le Conseil constitutionnel exige des « motifs d'intérêt général » ne portant pas atteinte excessive à la liberté contractuelle (DC 18 mars 2009, Loi de mobilisation pour le logement et la lutte contre l'exclusion) ; le Conseil d'État cherche un « motif d'intérêt général suffisant lié à un impératif d'ordre public » (CE 8 avr. 2009, *Commune d'Olivet*).

(*application à l'espèce*) En l'espèce, une loi réduisant le temps de travail est-elle une loi d'ordre public au sens restrictif des juridictions suprêmes ? Il semble bien que cela soit le cas car l'hypothèse est très proche d'une loi ayant modifié le montant du Smic jugée comme étant d'ordre public.

(*conclusion*) Par conséquent la loi fixant la durée hebdomadaire du travail à 35 heures sera applicable à Jean Dupont dès son entrée en vigueur et celui-ci pourra bénéficier de la semaine des 35 heures à compter de cette date.

Cas nº 2

(*résumé des faits*) Au cours d'un procès, le demandeur se prévaut d'une disposition issue d'un règlement de l'Union européenne et le défendeur lui oppose une loi adoptée postérieurement au règlement européen.

(*problème*) Une loi nationale adoptée postérieurement à un règlement de l'Union européenne prime-t-elle sur le texte européen ?

(*règle applicable*) Depuis les arrêts *Jacques Vabre* (Cour de cassation 1975) et *Nicolo* (CE 1989), il est évident que le règlement est supérieur à la loi même postérieure en raison de l'article 55 de la Constitution qui pose la suprématie des textes internationaux.

(*application à l'espèce*) En l'espèce, un règlement européen qui est un texte international entre en conflit avec une loi interne.

(*conclusion*) Le règlement prévaut sur la loi interne. Ce sera donc le demandeur qui obtiendra gain de cause.

Cas nº 3

(*résumé des faits*) Monsieur Jansin risque d'être poursuivi pour viol, infraction qui lui fait encourir 15 ans de réclusion criminelle. Mais son avocat lui dit qu'il est possible que le procureur ne le poursuive que pour agression sexuelle, infraction punie de 5 ans d'emprisonnement et de 75 000 € d'amende.

(*qualification des faits/problème*) Il s'agit de déterminer la juridiction pénale compétente en fonction du type d'infraction commise.

(*règle applicable*) Le tribunal correctionnel est compétent en matière de délit c'est-à-dire d'infraction punie d'une amende de 3 750 € minimum et d'une peine d'emprisonnement pouvant aller de deux mois à dix ans. La cour d'assises est la juridiction compétente pour juger des crimes c'est-à-dire des infractions punies d'une peine de réclusion ou de détention supérieure à dix ans.

(*application à l'espèce*) En l'espèce, si Monsieur Jansin est poursuivi pour viol, infraction sanctionnée par 15 ans de réclusion criminelle, il sera poursuivi pour un crime; s'il est poursuivi pour agression sexuelle, infraction punie de 5 ans de prison et de 75 000 € d'amende, il sera poursuivi pour un délit.

(*conclusion*) Si Monsieur Jansin est poursuivi pour viol, il sera jugé par la cour d'assises, alors que s'il est poursuivi pour agression sexuelle, il sera jugé par le tribunal correctionnel.

Le droit

Thème principal

Introduction au droit

Mots-clés

Règle de droit,
Réforme,
Interprétation,
Jurisprudence,
Hiérarchie des normes,
Qualités de la loi

› *Dissertation*

L'impermanence du droit

Sujet donné et corrigé établi par

Anaïs Szkopinski,
Maître de conférences,
Université de Versailles-Saint-Quentin-en-Yvelines (Université Paris Saclay)
Premier semestre 2020-2021

› Préparation

Analyse du sujet

Le sujet invite à réfléchir sur le caractère impermanent du droit. Cet adjectif surprend puisqu'il est traditionnellement enseigné que la règle juridique est générale, permanente et impérative. Le sujet suggère donc de dépasser cette conception traditionnelle du droit. Une analyse empirique du droit démontre qu'il n'est pas permanent, il évolue. Toutefois, ces changements sont-ils vertueux ? Lorsqu'ils sont induits par l'évolution de la société, ils permettent au droit de remplir sa fonction d'organisation sociale. Cependant, lorsqu'ils sont dus à des imperfections du droit, ils sont susceptibles d'anéantir cette fonction. Selon que la cause de l'impermanence est endogène ou exogène au droit, celle-ci se fait qualité ou défaut qu'il convient de corriger.

Plan du corrigé

I/ L'impermanence, une qualité indispensable du droit
  A – *Les sources d'une impermanence indispensable*
  B – *Les limites nécessaires à l'impermanence*
II/ L'impermanence, un défaut néfaste du droit
  A – *Les sources d'une impermanence défectueuse*
  B – *Les remèdes nécessaires à l'impermanence*

› Corrigé

« Permanente autant que générale, la règle juridique est un soleil qui ne se couche jamais ». Par cette définition, Carbonnier met en exergue le caractère permanent de la règle juridique. Pourtant, l'étude du droit révèle une longue succession de règles dans le temps et nombre de réformes suggérant, *a contrario*, l'impermanence du droit.

Le terme même de droit positif suggère cette impermanence. Définie par Cornu comme « le droit en vigueur à un moment donné dans un pays donné », cette notion inscrit le droit dans une temporalité. Le droit en vigueur aujourd'hui n'est pas identique au droit qui régissait la société hier. Aux premières coutumes et règles de droit romain ont succédé les règles juridiques codifiées d'abord dans le Code civil, ensuite dans d'autres codes. Du droit codifié à compter de 1804, il ne reste que peu de règles. Tant la forme que la substance ont évolué. Il en est ainsi du droit des contrats, du régime général et de la preuve des obligations réformés en 2016.

Le droit, cet ensemble de règles juridiques qui régissent la vie en société, ne serait donc pas permanent. Ce constat apparaît contradictoire avec les critères traditionnels d'identification de la règle juridique. En effet, la règle juridique est considérée comme étant générale, impérative et permanente. Le caractère permanent de la règle juridique confère une stabilité au système normatif qu'est le droit. Prévisible et crédible, le droit est alors empreint de sécurité juridique, source de confiance des citoyens. Dès lors, il peut remplir sa fonction d'organisation de la société. Certes, correctement rédigées, suffisamment générales pour être aisément adaptées aux évolutions ou fondées sur des valeurs constantes de notre société, certaines règles juridiques sont permanentes. Ainsi, les infractions d'homicide et de vol sont pérennes puisqu'elles protègent les valeurs essentielles à notre société que sont la vie et la propriété. Néanmoins, nombreuses sont les règles juridiques dépourvues de ce caractère. En vigueur durant des périodes de plus en plus courtes, certaines sont abrogées rapidement ou réformées avant même leur entrée vigueur. De multiples causes expliquent ce phénomène telles que la piètre qualité rédactionnelle, l'adoption de règles déjà obsolètes ou contradictoires. De surcroît, la diversité des sources du droit, internes et internationales, implique l'existence de contrôles des normes inférieures par rapport aux normes supérieures, conformément à leur hiérarchie. Depuis quelques années, l'intensification de ces contrôles, pouvant aboutir à l'abrogation ou à la modification des règles juridiques, induit un recul du caractère permanent du droit.

L'impermanence du droit porterait-elle alors atteinte à sa fonction ? Certes, pour constituer un système normatif régissant la vie en société, le droit doit être permanent. Cependant, régir la vie en société implique de s'adapter aux évolutions sociales, économiques et politiques et, par conséquent, de changer. L'impermanence du droit ou, plus précisément, des règles juridiques qui en font la substance, est induite par sa fonction. L'impermanence constitue alors une qualité, qui ne remet pas en cause la fonction du droit, à condition d'être limitée. Elle devient un défaut lorsqu'elle est causée par une imperfection du fond ou de la forme de la règle juridique. Cette deuxième cause d'impermanence impose de rechercher des remèdes pour préserver la fonction du droit.

Si l'impermanence apparaît comme une qualité indispensable au droit lorsqu'elle est conforme à sa fonction (I), elle peut constituer un défaut néfaste lorsqu'elle est due à des imperfections du droit (II).

I/ L'impermanence, une qualité indispensable du droit

Le droit ne peut être figé, sauf à ne pas remplir sa fonction d'organisation de la société. En effet, le droit doit évoluer au rythme des changements sociaux, économiques, politiques, scientifiques et technologiques. Des sources exogènes au droit rendent son impermanence indispensable (A), mais celle-ci doit être limitée afin de préserver sa fonction (B).

A – Les sources d'une impermanence indispensable

Le droit est un système normatif ayant pour objet l'organisation de la société afin d'y assurer la paix sociale. Traçant une frontière entre le licite et l'illicite, le permis et l'interdit, le droit instaure une normalisation des rapports au sein d'une société et, incidemment, un ordre public. L'ordre public, qualifié de matériel, est traditionnellement traduit par le triptyque « sécurité, tranquillité, salubrité », tandis que l'ordre public immatériel désigne sa dimension morale, protégeant les valeurs dites républicaines et les droits fondamentaux. Ainsi, les règles juridiques constituent l'expression et la protection des valeurs d'une société, telles que le droit à la vie et la liberté d'expression et d'information.

Cependant, au sein d'une société, ces valeurs ne sont pas figées. Elles évoluent. De nouvelles valeurs apparaissent, limitant certaines déjà existantes. Ainsi, le droit à la protection des données personnelles, rattaché au droit au respect de la vie privée, apporte une nouvelle limite à la liberté d'information. Certaines valeurs disparaissent ou se voient considérablement atténuées. L'adultère, jadis qualifié de délit, a été dépénalisé en 1975. La société est parcourue de débats que le droit ne peut ignorer. Il doit alors s'adapter, évoluer afin de continuer à remplir sa fonction. Les dernières évolutions législatives dans les domaines de la fin de vie et de la procréation médicalement assistée en sont les témoins. Le droit constitue aussi un instrument d'incitation aux évolutions sociales et morales. Les réformes juridiques sur des sujets qui ne font pas consensus au sein de la société marquent ce rôle du droit. Il en fut ainsi de l'abolition de la peine de mort ou de l'ouverture du mariage à tous les couples. Ces évolutions sont suivies par le droit, à l'initiative des juges ou du législateur. Le changement de la règle juridique peut donc être marqué par une nouvelle interprétation jurisprudentielle ou un travail législatif ou réglementaire.

Le droit doit aussi, parfois, anticiper certaines évolutions. Les débats concernant la prise en considération de l'intelligence artificielle par le droit et l'anticipation de la réglementation relative aux véhicules autonomes démontrent la volonté des juristes de ne pas voir le droit dépassé par ces transformations technologiques.

De surcroît, le droit est amené à évoluer en raison des interactions entre les sociétés. Ainsi, l'intégration de l'État français dans l'Union européenne impose des adaptations, évolutions et changements dans le but d'une harmonisation des droits des États membres. La constitution d'organisations, les échanges et la circulation de personnes et de biens rendent nécessaires les évolutions des droits nationaux.

L'impermanence du droit est donc corrélative à sa fonction d'organisation de la société. Cependant, afin qu'elle soit effective, ce caractère doit demeurer limité.

B – Les limites nécessaires à l'impermanence

Malgré son caractère indispensable, l'impermanence du droit doit être limitée afin qu'elle n'anéantisse pas sa fonction. Le droit doit pouvoir évoluer sans toutefois changer continuellement. En effet, toute évolution au sein d'une société n'exige nécessairement pas une adaptation du droit. Des règles juridiques, dotées de qualités formelles et substantielles, sont aptes à suivre les évolutions. Ainsi, les règles relatives au droit d'auteur n'ont pas été totalement bouleversées par le développement de la diffusion des œuvres sur Internet. Les autres caractères de la règle juridique limitent donc son impermanence.

Ainsi, la clarté de la règle juridique lui offre la pérennité. Montesquieu affirmait que « le style des lois doit être simple […]. Les lois ne doivent point être subtiles ». Intelligibilité et accessibilité, ces deux objectifs à valeur constitutionnelle, garantissent une certaine permanence de la règle de droit. Sa généralité lui confère aussi une stabilité. Générale et abstraite, la règle juridique peut traverser le temps. Cette qualité permet aussi aux juges de l'interpréter et de l'adapter à des situations qui n'avaient pas été prévues au moment de son adoption. Elle évite de remettre trop fréquemment la règle sur le métier. Certes, les interprétations divergentes des juges du fond pourraient aboutir à une instabilité de la mise en œuvre de la règle et, par conséquent, à une insécurité juridique pour le justiciable. Néanmoins, la Cour de cassation tient un rôle d'unification de la jurisprudence. Malgré le caractère relatif de l'autorité de la chose jugée des décisions, celles rendues par la Cour de cassation sont souvent suivies par les juges du fond. Dès lors, une jurisprudence constante peut être observée concernant l'interprétation d'une règle de droit.

Ces limites, instaurées par les autres caractères de la règle juridique, offrent un équilibre entre évolution du droit et sécurité juridique. Elles évitent que l'impermanence ne devienne un défaut, un vice.

II/ L'impermanence, un défaut néfaste du droit

L'impermanence du droit n'est pas toujours seulement causée par les évolutions de la société. Depuis plusieurs années, le droit subit une inconstance législative. Lorsque l'impermanence est endogène au droit, celle-ci constitue un défaut susceptible de porter atteinte à sa fonction d'organisation de la société (A). Il est alors indispensable de recourir à des remèdes afin de la limiter (B).

A – Les sources d'une impermanence défectueuse

Les règles juridiques, qui forment le droit, comportent des imperfections qui font obstacle à la permanence du droit.

D'abord, la substance des règles juridiques ne favorise plus leur permanence. Le défaut de conformité d'une norme inférieure à une norme supérieure constitue l'une des causes principales d'impermanence du droit. En effet, l'organisation hiérarchique des sources du droit et les contrôles de constitutionnalité et de conventionnalité révèlent des incohérences entre les normes de valeurs différentes. Dans cette hypothèse, la norme inférieure doit être mise en œuvre conformément à une interprétation déterminée par l'organe de contrôle, modifiée ou abrogée. Ainsi, le contrôle de constitutionnalité *a posteriori* des lois permet, grâce à plus de huit cents questions prioritaires de constitutionnalité posées depuis son instauration, d'effectuer un nettoyage du *corpus* législatif. Certes, source d'impermanence du droit, ces contrôles des normes, effectués par des organes internes, européens ou internationaux, contribuent néanmoins à consolider le système normatif juridique.

Des cas spécifiques d'impermanence défectueuse du droit en raison de la substance des règles peuvent aussi être mentionnés. Le droit s'intéresse à des domaines de plus en plus techniques. Les règles juridiques sont alors susceptibles d'évolutions fréquentes. Il en est de même des règles marquées par une spécialisation excessive dans un champ du droit. De surcroît, des règles comportant un vocabulaire technique, étranger au droit, peuvent former le terreau d'interprétations jurisprudentielles divergentes, voire de revirements jurisprudentiels. L'impermanence du droit est alors due non pas à une source directe, mais à une source interprétative. Lorsque la règle est élaborée en réaction à un événement, à un phénomène social, sans s'inscrire dans une réflexion générale, elle aura plus de risques de subir des modifications. Ces règles circonstanciées, fondées sur des opportunités politiques, ont souvent un avenir incertain.

Ensuite, la forme des règles juridiques a considérablement changé. Élégantes et concises, les formulations sont devenues bavardes et confuses. La recherche de l'exhaustivité et de la précision limite considérablement la pérennité de la règle, difficile à adapter à de nouvelles situations.

Enfin, le processus d'adoption des règles juridiques peut expliquer leur instabilité. Le rythme législatif est plus lent que celui des évolutions techniques. Créées trop tard, certaines lois apparaissent obsolètes et ce, parfois même avant d'avoir été promulguées. Ainsi, les lois HADOPI avaient pour objectif de lutter contre les téléchargements illicites pair à pair au moment où cette pratique commençait à être remplacée par le streaming illicite.

Il existe cependant des remèdes à cette impermanence défectueuse du droit, évitant qu'il ne puisse plus remplir sa fonction d'organisation de la société.

B – Les remèdes nécessaires à l'impermanence

Les imperfections du droit, sources de son impermanence, doivent être corrigées. En effet, les modifications, abrogations, changements fréquents de règles juridiques ne permettent pas au droit de régir la vie en société et de garantir la paix sociale. Le droit n'est pas accessible et les justiciables ne bénéficient pas d'une sécurité juridique suffisante. La crédibilité du droit est aussi affaiblie et l'adhésion des citoyens aux normes de comportement qui forment le droit apparaît incertaine.

Dès lors, un objectif de simplification du droit, concernant tant la forme que le fond, a été annoncé et des cliniques de légistique ont été créées. De surcroît, des études d'impact doivent être menées avant l'adoption d'une loi, dans le but, notamment, de favoriser sa stabilité.

Cependant, il semble utopique d'espérer éviter toute imperfection. Dès lors, les règles de succession de normes dans le temps permettent au droit de conserver sa fonction d'organisation de société. En effet, le droit transitoire a pour objet la résolution des conflits de normes dans le temps. Applicable à l'impermanence vertueuse du droit, il forme aussi un remède à son impermanence défectueuse. Conformément à l'article 2 du Code civil, « la loi ne dispose que pour l'avenir ; elle n'a point d'effet rétroactif ». Ce principe subit, cependant, quelques exceptions. Par exemple, les effets des situations contractuelles constituées antérieurement à la loi nouvelle demeurent régis par la loi ancienne. Cette survie de la loi ancienne est conforme à la théorie doctrinale des droits acquis. Autre exception, la loi nouvelle peut rétroagir : au civil, lorsque le législateur le mentionne expressément ; au pénal, de manière automatique, lorsque la loi nouvelle est plus douce. Ces règles d'application des normes dans le temps évitent que l'impermanence du droit ne transforme le système normatif en capharnaüm. En leur absence, le droit ne pourrait pas remplir sa mission d'organisation de la société et d'établissement d'un ordre public.

Le droit

Thème principal

Hiérarchie des normes

Mots-clés

Convention de New York du 26 janvier 1990 relative aux droits de l'enfant, Applicabilité en droit interne, Intérêt supérieur de l'enfant, Audition de l'enfant

Sujet donné et corrigé établi par

Michèle Mestrot, Maître de conférences (HDR), Université de Pau et des Pays de l'Adour (UPPA)

Premier semestre 2019-2020

› *Commentaire d'arrêt : Civ. 1re, 18 mai 2005, n° 02-20.613*

Sur le moyen unique, après avis donné aux parties en application de l'article 1015 du nouveau Code de procédure civile ;

Vu les articles 3-1 et 12-2 de la convention de New York du 26 janvier 1990 relative aux droits de l'enfant, ensemble les articles 388-1 du Code civil et 338-1, 338-2 du nouveau Code de procédure civile ;

Attendu que dans toutes les décisions qui concernent les enfants, l'intérêt supérieur de l'enfant doit être une considération primordiale ; que lorsque le mineur capable de discernement demande à être entendu, il peut présenter sa demande au juge en tout état de la procédure et même, pour la première fois, en cause d'appel ; que son audition ne peut être écartée que par une décision spécialement motivée ;

Attendu que l'enfant Chloé X..., née le 31 août 1990, dont la résidence a été fixée chez sa mère aux États-Unis, a demandé, en cours de délibéré, par lettre transmise à la cour d'appel, à être entendue dans la procédure engagée par son père pour voir modifier sa résidence ; que l'arrêt attaqué ne s'est pas prononcé sur cette demande d'audition de l'enfant ;

Attendu qu'en se déterminant ainsi, alors que la considération primordiale de l'intérêt supérieur de l'enfant et le droit de celui-ci à être entendu lui imposaient de prendre en compte la demande de l'enfant, la cour d'appel a violé les textes susvisés ;

PAR CES MOTIFS :

CASSE ET ANNULE, dans toutes ses dispositions, l'arrêt rendu le 30 septembre 2002, entre les parties, par la cour d'appel de Rennes; remet, en conséquence, la cause et les parties dans l'état où elles se trouvaient avant ledit arrêt et, pour être fait droit, les renvoie devant la cour d'appel d'Angers.

1°) Rédigez la fiche d'arrêt de décision reproduite ci-dessus (4 points)

2°) Énoncez le ou les problèmes juridiques posés et résolus par la Cour de cassation (3 points)

3°) Répondez aux questions suivantes en respectant l'ordre chronologique. Il est inutile de recopier les questions, il suffit d'indiquer leur numéro :

3.1. Relevez les particularités de l'arrêt qui permettent de démontrer qu'il s'agit d'un arrêt de cassation (2 points)

3.2. Expliquez en quoi la cour d'appel « a violé les textes susvisés » (2,5 points)

3.3. Cet arrêt s'inscrit-il en rupture ou en continuité au regard des décisions antérieures ? (2,5 points)

3.4. D'après vous, quels sont les apports principaux de cet arrêt ? (3 points)

3.5. Pouvez-vous rappeler certains droits consacrés par la Convention de New York du 26 janvier 1990 relative aux droits de l'enfant et préciser sa place en droit interne ? (3 points)

Annexes

Convention internationale des droits de l'enfant (ONU) (art. 3)

1. Dans toutes les décisions qui concernent les enfants, qu'elles soient le fait des institutions publiques ou privées de protection sociale, des tribunaux, des autorités administratives ou des organes législatifs, l'intérêt supérieur de l'enfant doit être une considération primordiale.

Article 12

1. Les États parties garantissent à l'enfant qui est capable de discernement le droit d'exprimer librement son opinion sur toute question l'intéressant, les opinions de l'enfant étant dûment prises en considération eu égard à son âge et à son degré de maturité.

2. À cette fin, on donnera notamment à l'enfant la possibilité d'être entendu dans toute procédure judiciaire ou administrative l'intéressant, soit directement, soit par l'intermédiaire d'un représentant ou d'une organisation approprié, de façon compatible avec les règles de procédure de la législation nationale.

Code de procédure civile (art. 338-2)

La demande d'audition est présentée sans forme au juge par le mineur lui-même ou par les parties. Elle peut l'être en tout état de la procédure et même pour la première fois en cause d'appel.

› Préparation

Analyse du sujet

Le sujet proposé avait à la fois pour objet d'évaluer la maîtrise par les étudiants du cours d'introduction relatif à la hiérarchie des textes et de sonder leurs capacités de compréhension et d'analyse d'un arrêt de la Cour de cassation.
En particulier, il était demandé aux étudiants de replacer la décision dans son contexte jurisprudentiel et de déterminer si l'arrêt en question était plutôt révélateur d'une rupture ou d'une continuité par rapport aux décisions antérieures. Non seulement les étudiants étaient censés repérer le revirement jurisprudentiel, mais ils devaient également en comprendre la portée au regard de l'applicabilité directe de la CIDE devant les juridictions judiciaires.
Enfin, les apports de l'arrêt relatifs à la prise en compte de l'intérêt supérieur de l'enfant et à l'obligation pour le juge d'entendre le mineur capable de discernement à tous les stades de la procédure devaient clairement être analysés.

› Corrigé

1. Rédigez la fiche d'arrêt de cette décision.

• Faits et procédure

La résidence de l'enfant Chloé X..., née le 21 août 1990, a été fixée chez sa mère aux États-Unis. À l'occasion d'une procédure engagée par son père pour obtenir une modification du lieu de sa résidence, Chloé X... demande à être auditionnée devant la cour d'appel de Rennes.

Le 30 septembre 2002, la cour d'appel de Rennes rend sa décision sans se prononcer sur la demande d'audition de l'enfant.

Un pourvoi en cassation est formé, certainement par le père de Chloé X...

• Solution de la Cour de cassation

La Cour de cassation estime que les juges d'appel ont violé respectivement les articles 3-1 et 12-2 de la convention de New York du 26 janvier 1990 relative aux droits de l'enfant, ainsi que les articles 388-1 du Code civil et 338-1, 338-2 du Code de procédure civile.

En effet, en application de ces textes, l'intérêt supérieur de l'enfant est, tout d'abord, une considération primordiale qui doit guider toutes les décisions le concernant (art. 3-1, CIDE). Ensuite, lorsqu'un mineur capable de discernement demande à être entendu par le juge, sa demande peut être présentée à n'importe quel moment de la procédure, et même pour la première fois en appel. Enfin, le juge ne peut écarter la demande d'audition de l'enfant qu'en motivant spécialement sa décision.

Pour la Cour de cassation, l'intérêt de l'enfant et son droit à être entendu dans toutes les procédures commandaient donc à la cour d'appel de prendre en considération la demande d'audition de l'enfant. En ne le faisant pas, l'arrêt, qui a violé tous les textes susvisés, encourt la cassation et l'affaire est renvoyée devant la cour d'appel d'Angers pour être à nouveau jugée.

2. Énoncez le ou les problèmes juridiques posés et résolus par la Cour de cassation.

• Dans les décisions qui le concernent, dans quelle mesure doit-on prendre en considération l'intérêt supérieur de l'enfant ?

• Un mineur capable de discernement peut-il demander à être entendu par le juge en tout état de la procédure et même pour la première fois en appel ?

• Selon quelles modalités l'audition de l'enfant peut-elle être écartée par le juge ?

3. Répondez aux questions suivantes en respectant l'ordre chronologique.

3.1. Relevez les particularités de l'arrêt qui permettent de démontrer qu'il s'agit d'un arrêt de cassation.

Au-delà du fait que la cassation apparaît explicitement dans le *dispositif* de l'arrêt, plusieurs autres particularités permettent de deviner qu'il s'agit d'un arrêt de cassation.

D'une part, la décision comporte un *visa*. Les textes qui ont fait l'objet d'une violation par l'arrêt attaqué sont expressément visés en début de décision ; il s'agit des articles 3-1 et 12-2 de la convention de New York du 26 janvier 1990 relative aux droits de l'enfant, des articles 388-1 du Code civil et 338-1, 338-2 du Code de procédure civile.

D'autre part, le premier attendu confirme la cassation dès lors qu'il s'agit d'un *attendu liminaire* dans lequel la Cour de cassation précise sa solution et l'interprétation qu'elle entend donner aux textes visés.

3.2. Expliquez en quoi la cour d'appel « a violé les textes susvisés ».

Les textes violés par la cour d'appel sont les articles 3-1 et 12-2 de la convention de New York du 26 janvier 1990 relative aux droits de l'enfant, ainsi que les articles 388-1 du Code civil et 338-1, 338-2 du Code de procédure civile.

La cour d'appel a violé ces textes en ne répondant pas, en appel, à la demande d'audition de l'enfant Chloé X... dans une procédure introduite par son père et concernant le changement de résidence de l'enfant.

En effet, les textes susvisés commandaient de prendre en compte l'intérêt supérieur de l'enfant dans toutes les décisions qui le concernent ; de respecter le droit de l'enfant d'être auditionné par le juge à tout moment de la procédure ; de répondre à sa demande d'audition par une décision judiciaire spécialement motivée.

Or, en ne prenant pas en compte la demande d'audition de l'enfant, en n'y répondant pas, les juges du fond n'ont pas satisfait aux exigences posées par les différents textes, en ignorant l'intérêt de l'enfant, en ne respectant pas son droit à être entendu.

3.3. Cet arrêt s'inscrit-il en rupture ou en continuité au regard des décisions antérieures ?

Au regard de l'application de la convention de New York du 26 janvier 1990 relative aux droits de l'enfant (CIDE) en droit interne, cet arrêt constitue un véritable tournant sur le plan judiciaire. Cette décision admet, pour la première fois, l'applicabilité directe de certaines dispositions de la CIDE, en particulier des articles 3-1 et 12-2, devant les juridictions de l'ordre judiciaire.

La CIDE, adoptée par les Nations unies le 20 novembre 1989, a été signée par la France le 26 janvier 1990, et est entrée en vigueur le 2 septembre 1990. Néanmoins, son application a, dans un premier temps, été freinée par la jurisprudence de la Cour de cassation.

En effet, à partir de l'arrêt *Le Jeune* (Civ. 1re, 10 mars 1993, nº 91-11.310), la Cour de cassation a décidé qu'aucune disposition de la CIDE n'était pourvue d'effet direct et que la convention ne créait d'obligations qu'à la charge des États parties.

Dans le même temps, le Conseil d'État accueillait de manière différente le traité en admettant l'applicabilité directe de certaines dispositions. La haute autorité administrative reconnaissait en particulier l'applicabilité directe de l'art. 16 (CE 10 mars 1995, *Demirpence*) et de l'art. 3-1 (CE 22 sept. 1997, *Cinar*).

L'arrêt à commenter s'inscrit donc complètement en rupture avec les décisions antérieures de la Cour de cassation et opère un véritable revirement de jurisprudence.

3.4. D'après vous, quels sont les apports principaux de cet arrêt ?

Indéniablement, l'apport principal de cet arrêt est d'admettre, pour la première fois, l'effet direct de certaines dispositions de la CIDE qui peuvent donc être invoquées directement par les particuliers devant les tribunaux de l'ordre judiciaire.

Cette importante décision permet, enfin, de rendre effectifs, sur le plan interne, certains droits contenus dans la CIDE.

Elle conforte également la nécessité de prendre en compte l'intérêt supérieur de l'enfant pour fonder les décisions qui le concernent. Cet arrêt consolide aussi l'importance de la parole de l'enfant devant les juridictions en rappelant que l'audition est de droit, à tout moment de la procédure.

3.5. Pouvez-vous rappeler certains droits consacrés par la Convention de New York du 26 janvier 1990 relative aux droits de l'enfant et préciser sa place en droit interne ?

Mis à part le droit d'exprimer son opinion sur les questions qui l'intéressent ou d'être entendu dans toute procédure le concernant, la CIDE consacre plusieurs droits parmi lesquels :

- les droits de la personnalité qui comportent, à titre d'exemples, le droit à une identité (droit au nom, à une nationalité...), le droit à l'intégrité physique, morale (droit d'expression, d'association, droit à la liberté de pensée, de conscience, de religion...), le droit au respect de la vie privée...
- mais aussi les droits de l'enfant vis-à-vis de sa famille comme le droit d'être élevé par ses deux parents ou le droit au respect de ses relations familiales...
- ou encore les droits sociaux que l'État s'engage à assurer : droit à la santé, à la sécurité sociale, à l'éducation et à la culture, à une protection en cas de conflits armés...

S'agissant de la place de la CIDE en droit interne, en tant que texte international, la CIDE, en vertu de l'art. 55 de la Constitution de 1958, dispose d'une autorité supérieure à celles des lois. Néanmoins, et bien que l'on ait récemment fêté les trente ans de la CIDE, force est de constater l'application encore sélective de ses dispositions devant les juridictions. En effet, la question de l'applicabilité directe de l'intégralité de la CIDE n'est toujours pas résolue. La Cour de cassation continue d'établir des distinctions en fonction de la formulation des différents articles en appréciant s'ils s'adressent seulement aux États ou s'ils sont susceptibles d'être directement invoqués par les particuliers.

Le droit

Thème principal

Le droit des biens et des personnes

Mots-clés

Non-rétroactivité, Immeubles par destination, Droit au respect de la vie privé

Sujet donné et corrigé établi par

Julien Roque, Maître de conférences, Université Paul Valéry

Anaïs Raynaud, ATER, Université Paul Valéry

Premier semestre 2020-2021

En utilisant les méthodes étudiées en travaux dirigés, rédiger la fiche de l'arrêt ci-dessous et résoudre le cas pratique suivant :

› 1. Fiche d'arrêt : Crim. 30 janvier 2002

Sur le premier moyen de cassation, pris de la violation des articles 111-4, 112-1, 122-3 du Code pénal, 464 du Code des douanes, 7.1 de la Convention de sauvegarde des droits de l'homme et des libertés fondamentales, 591 et 593 du Code de procédure pénale, défaut de motifs, manque de base légale :

En ce que l'arrêt attaqué a déclaré Robert Grifhorst, de nationalité néerlandaise, coupable du délit de non-respect de l'obligation déclarative de capitaux d'un montant supérieur à 50 000 francs, commis le 29 janvier 1996, et l'a condamné à la confiscation des capitaux saisis, soit l'équivalent de 1 528 850 francs, ainsi qu'au paiement d'une amende égale à la moitié de ce montant, soit 750 000 francs, avec prononcé de la contrainte par corps ;

Aux motifs que l'obligation de déclaration qui n'empêche aucunement la libre circulation des capitaux, s'impose à toute personne physique, résident ou non résident français ;

Alors qu'en vertu du principe de non-rétroactivité de la loi pénale plus sévère, seules les dispositions législatives plus douces s'appliquent aux infractions commises avant leur entrée en vigueur et n'ayant pas donné lieu à une condamnation passée en force de chose jugée; qu'au sens de la Convention européenne, la loi peut s'entendre aussi bien de la norme législative au sens strict, que de la jurisprudence qui l'interprète; qu'ainsi, si au moment des poursuites, il résulte de la jurisprudence qui a interprété la loi que les faits ne sont pas légalement punissables, le prévenu ne peut pas être condamné au regard du même texte sur le fondement d'un revirement de jurisprudence, postérieur à la précédente, qui donne une interprétation plus sévère de la loi en étendant son champ d'application; qu'en pareil cas, l'application rétroactive du revirement de jurisprudence constitue directement une violation du principe de légalité des délits; qu'en l'espèce, l'arrêt attaqué s'est fondé sur la dernière interprétation jurisprudentielle, pourtant plus sévère, de l'article 464 du Code des douanes, postérieure à la jurisprudence n'imposant pas d'obligation déclarative aux non-résidents français, pour déclarer le prévenu coupable et a, de ce fait, violé les principes combinés de l'application de la loi pénale dans le temps et de la légalité des délits; que la cassation devra intervenir sans renvoi;

Attendu qu'en l'absence de modification de la loi pénale, et dès lors que le principe de non-rétroactivité ne s'applique pas à une simple interprétation jurisprudentielle, le moyen est inopérant;

REJETTE le pourvoi.

› 2. *Cas pratique*

A) Jean-Paul vient de subir une déconvenue professionnelle. Il vient malheureusement de perdre son emploi. Jeune homme plein de ressource, il décide de se lancer dans une nouvelle activité. Il obtient un prêt de la banque à hauteur de 300 000 € pour financer un futur achat immobilier. Après une récente visite de Nîmes, il a trouvé cette ville fabuleuse et a décidé de relancer le tourisme dans cette ville, centre mondial de la culture. Il a trouvé un hôtel de 35 chambres situé dans un immeuble en face de la Maison Carrée de Nîmes. Après plusieurs visites avec l'actuel exploitant, il conclut la vente de l'immeuble pour un prix de 299 000 €. Deux mois après la vente, il récupère les clefs de l'immeuble et découvre avec stupéfaction que l'immeuble est désormais vide. L'ancien exploitant a vendu, lors d'une brocante, l'ensemble des lits et des armoires des chambres. Après un devis rapide, il lui faudrait racheter pour environ 25 000 € de lits et d'armoires.

Désemparé et désespéré de ne pas pouvoir ouvrir son hôtel dans la plus belle ville du monde, il vient prendre conseil auprès de vous... Il vous interroge aussi sur les difficultés rencontrées par son frère Marcus.

B) Marcus est un homme politique particulièrement populaire. Ancien membre du Gouvernement, il est depuis peu candidat à l'élection municipale de 2021. Particulièrement apprécié des médias, il fait régulièrement la couverture des magazines politiques. Sa situation personnelle suscite également l'intérêt de la presse à scandales. À cet égard, il apprend la publication prochaine d'un article dans le journal *Paris Match*. Ayant pu se procurer un exemplaire de la revue avant sa parution, il constate avec stupeur que les journalistes ont illustré ledit article de plusieurs photographies reproduites sans son consentement. La première concerne sa belle maison de campagne située à Amiens, héritée de ses grands-parents. La seconde illustration est davantage compromettante pour Monsieur Marcus. En effet, l'image en question le représente en train de déjeuner en compagnie d'un banquier d'affaires condamné il y a un mois pour fraude fiscale. Or, une telle publication risque de le rendre particulièrement impopulaire auprès de ses futurs électeurs.

Marcus souhaite donc empêcher la publication de ces photographies.

› *Préparation*

Analyse du sujet

L'exercice de la fiche d'arrêt permet à l'étudiant de première année de commencer le travail d'analyse d'une décision de justice. Outre la compréhension chronologique de l'affaire, l'étudiant devra analyser les thèses qui s'opposent devant le juge ce qui lui permettra de trouver un problème de droit ciblé au cas. L'arrêt du 30 janvier 2002 est un arrêt de cassation, c'est-à-dire que la Cour de cassation casse la décision attaquée par le pourvoi affirmant que la rétroactivité naturelle de la jurisprudence ne porte pas atteinte au principe légaliste interdisant la rétroactivité volontaire de la loi plus sévère.
Le cas pratique est un exercice qui exige la capacité de distinguer, dans un exposé factuel non juridique, les faits juridiquement pertinents qu'il faudra ensuite qualifier, de dégager un problème de droit, d'identifier la ou les règles juridiques concernées et de les appliquer à l'espèce pour en tirer une conclusion juridique. L'étudiant doit non seulement maîtriser son cours, mais aussi la méthode syllogistique.
Le premier cas met en lumière la qualification d'immeuble par destination pour le mobilier d'un hôtel, de sorte que ce dernier aurait dû être cédé en même temps que l'immeuble auquel il est attaché.
Le deuxième cas traite de la délicate question du droit au respect de la vie privée : même si la victime est une personne publique, elle peut bénéficier de la protection de l'article 9 du Code civil dans certaines situations de son quotidien ; si la violation de ce droit est démontrée, le juge pourra ordonner des sanctions.

› *Corrigé*

I/ Fiche d'arrêt : la rétroactivité naturelle de la jurisprudence ne porte pas atteinte au principe légaliste interdisant la rétroactivité volontaire de la loi plus sévère

Les faits matériels et judiciaires

Une personne est poursuivie devant la juridiction correctionnelle.

La cour d'appel la déclare coupable d'un délit et l'a condamnée à diverses peines aux motifs que « l'obligation de déclaration, qui n'empêche aucunement la libre circulation des capitaux, s'impose à toute personne physique, résident ou non résident français ».

Le prévenu forme un pourvoi en cassation pour obtenir sa relaxe.

La chambre criminelle de la Cour de cassation, dans son arrêt du 30 janvier 2002, rejette le pourvoi.

Les prétentions des parties

Le prévenu demande sa relaxe car il estime que la jurisprudence a étendu les dispositions du Code des douanes de sorte que ce revirement étend le champ d'application de la loi constituant une jurisprudence de fond plus sévère, ce qui porte atteinte au principe de légalité des délits et des peines, et donc par conséquent ne doit pas être appliquée.

Le problème de droit

En l'absence de modification de la loi pénale, le principe de non-rétroactivité s'applique-t-il à une simple interprétation jurisprudentielle ?

La solution de la Cour de cassation

Pour la Cour de cassation, « l'absence de modification de la loi pénale, et dès lors que le principe de non-rétroactivité ne s'applique pas à une simple interprétation jurisprudentielle, le moyen est inopérant ». Ainsi la rétroactivité naturelle de la jurisprudence ne porte pas atteinte au principe légaliste interdisant la rétroactivité volontaire de la loi plus sévère.

II/ Cas pratique

A – Le mobilier d'un hôtel inclus dans sa cession comme immeuble par destination

Une personne qui a acheté un hôtel découvre avec effroi lorsqu'elle récupère les clés que l'immeuble est livré vide de tout mobilier hôtelier.

Le mobilier hôtelier doit-il être cédé en même temps que l'hôtel vendu ?

Selon l'article 524 du Code civil, « les objets que le propriétaire d'un fonds y a placés pour le service et l'exploitation de ce fonds sont immeubles par destination » (al. 1er). Ce principe s'est trouvé illustré de façon constante par la jurisprudence qui consacre l'« immobilisation du mobilier et du matériel d'un hôtel » (Paris, 28 nov. 1935, *DP* 1936. 2. 30, note Lalou ; Com. 31 mars 2009, n° 08.14-180 P, *D.* 2009. AJ 1139, obs. Chevrier).

En l'espèce, le vendeur qui exploitait l'hôtel avait bien évidemment meublé les 35 chambres de façon fonctionnelle ; ce mobilier, placé par le propriétaire de l'hôtel au service de ce fonds, sera qualifié d'immeuble par destination.

Donc il aurait dû être maintenu dans les locaux pour être cédé en même temps que l'immeuble. L'acheteur pourra agir en responsabilité contre son vendeur afin de récupérer le mobilier immobilisé.

B – Les violations du droit au respect de la vie privée

Un homme politique a pris connaissance, avant sa diffusion au grand public, d'un article de presse dans lequel ont été reproduites sans son consentement une photographie de sa maison de campagne ainsi qu'une photographie illustrant un déjeuner qu'il a partagé avec une personne de réputation discutable.

La divulgation d'informations concernant le domicile d'un homme politique porte-t-elle atteinte à sa vie privée (1) ? La diffusion d'une photographie sans accord préalable porte-t-elle atteinte au droit à l'image de l'intéressé (2) ?

1 • Le domicile

Selon l'article 9 du Code civil, « chacun a droit au respect de sa vie privée ». Et plus précisément, selon la Cour de cassation dans un arrêt du 5 juillet 2003, « la publication dans la presse de la photographie de la résidence d'une personne, accompagnée du nom du propriétaire et de la localisation précise, constitue une atteinte au respect de la vie privée ». Le domicile, lorsqu'il est accompagné d'informations personnelles telles que le nom de son propriétaire et sa localisation, est donc protégé par l'article 9 du Code civil.

En l'espèce, rien n'est précisé quant à la légende qui accompagnerait la photographie, mais il est plausible que le journaliste ait précisé la localité de la maison de l'homme politique visé.

Donc, si tel est le cas, l'atteinte est constituée.

La victime pourra agir sur le fondement de l'article 9, alinéa 2, du Code civil auprès du juge des référés pour empêcher la publication de cette photo qui constituerait une violation de sa vie privée.

2 • Le droit à l'image

Le principe est posé à l'article 9, alinéa premier, du Code civil « Chacun a droit au respect de sa vie privée ». Ce droit au respect de la vie privée a pour corollaire le droit à l'image : toute personne est titulaire d'un droit exclusif sur son image. Elle peut donc s'opposer à qui capterait ou utiliserait son image sans son consentement exprès ou tacite.

Pour qu'une atteinte au droit à l'image soit constituée, il convient d'examiner un certain nombre de conditions : il faut dans un premier temps que la personne soit reconnaissable.

En l'espèce il semble que ce soit bien le cas.

Il faut dans un second temps se demander si la personne a autorisé ou non la captation de son image ; dans la négative, il faut distinguer si la photo a été prise dans un lieu public ou privé car dans un lieu privé, le consentement de l'intéressé est nécessaire.

En l'espèce, il était en train de déjeuner, que ce soit chez lui ou au restaurant, il était dans un lieu privé et il n'avait pas donné son consentement.

Il y a donc bien atteinte à son droit à l'image.

La victime pourra donc agir sur le fondement de l'article 9 du Code civil pour demander au juge d'ordonner en référé toute mesure pour empêcher que sa vie privée soit violée puisque l'article n'a pas encore été distribué (al. 2).

Si malgré tout le journal publie l'article, la victime de l'atteinte pourra là encore solliciter des sanctions en nature (éventuellement sous astreinte), et demander l'allocation de dommages et intérêts sur le fondement de l'article 1240 du Code civil si elle démontre que son préjudice découle de ladite faute.

En l'espèce, le photographe de la soirée n'a pas obtenu de l'intéressé son consentement pour les photos, la faute est donc caractérisée. Mais le fait que cette publication puisse le rendre impopulaire auprès de ses futurs électeurs n'est pas démontré et ne semble pas revêtir la qualification d'un quelconque préjudice réparable.

Il y a donc peu de chances qu'il obtienne l'allocation de dommages-intérêts en cas de diffusion de ces photos.

Barème indicatif :

I/ La rétroactivité naturelle de la jurisprudence ne porte pas atteinte au principe légaliste interdisant la rétroactivité volontaire de la loi plus sévère *(7 points)*
Les faits matériels et judiciaires *(2 points)*
Les prétentions des parties *(2 points)*
Le problème de droit *(2 points)*
La solution de la Cour de cassation *(1 point)*

II/ Cas pratique
A – Le mobilier d'un hôtel inclus dans sa cession comme immeuble par destination *(5 points)*
B – Les violations du droit au respect de la vie privée *(8 points)*
1° Le domicile *(3 points pour la qualification de la violation + 1 point pour les sanctions envisagées)*
2° Le droit à l'image *(3 points pour la qualification de la violation + 1 point pour les sanctions envisagées)*

Le droit

Thème principal

Renonciation à l'immunité d'exécution en matière diplomatique

Mots-clés

Régime de l'absence, Preuve

Sujet donné et corrigé établi par

Élodie Noël, ATER, Université Caen-Normandie

Premier semestre 2020-2021

› *1. Commentaire d'arrêt : Civ. 1re, 10 janvier 2018, n° 16-22.494*

Attendu, selon l'arrêt attaqué, rendu sur renvoi après cassation (1re civ., 13 mai 2015, pourvoi n° 13-17.751, *Bull.* 2015, I, n° 107), qu'en exécution d'une sentence arbitrale rendue le 3 décembre 2000, sous les auspices de la Chambre de commerce internationale, la société Commissions Import Export (Commisimpex), auprès de laquelle la République du Congo s'était engagée, le 3 mars 1993, à renoncer définitivement et irrévocablement à toute immunité de juridiction et d'exécution, a fait pratiquer, entre les mains d'une banque, une saisie-attribution de comptes ouverts dans ses livres au nom de la mission diplomatique à Paris de la République du Congo et de sa délégation auprès de l'Unesco ; que l'arrêt rendu le 15 novembre 2012 par la cour d'appel de Versailles a été cassé et annulé au motif que le droit international coutumier n'exigeait pas une renonciation autre qu'expresse à l'immunité d'exécution dont bénéficient les missions diplomatiques des États étrangers pour le fonctionnement de la représentation de l'État accréditaire et les besoins de sa mission de souveraineté ;

Sur le moyen unique, pris en sa seconde branche, ci-après annexé :

Attendu que ce grief n'est manifestement pas de nature à entraîner la cassation ;

Mais sur la première branche du moyen :

Vu les articles 22 et 25 de la Convention de Vienne sur les relations diplomatiques du 18 avril 1961 et les règles du droit international coutumier relatives à l'immunité d'exécution des États, ensemble les articles L. 111-1-2 et L. 111-1-3 du Code des procédures civiles d'exécution ;

Attendu que l'arrêt déclare régulières les saisies pratiquées par la société Commisimpex, après avoir énoncé que le droit international coutumier n'exige pas une renonciation autre qu'expresse à l'immunité d'exécution et qu'il ressort de la lettre d'engagement signée le 3 mars 1993 par le ministre des Finances et du budget que la République du Congo a renoncé expressément à se prévaloir de son immunité d'exécution à l'égard de Commisimpex sur tous les biens susceptibles d'en bénéficier, qu'ils soient ou non affectés à l'accomplissement de la mission diplomatique ;

Attendu qu'en statuant ainsi, la cour d'appel de renvoi s'est conformée à la doctrine de l'arrêt qui l'avait saisie ;

Attendu, cependant, que la loi n° 2016-1691 du 9 décembre 2016 a introduit, dans le Code des procédures civiles d'exécution, deux nouvelles dispositions ; que, selon l'article L. 111-1-2 de ce code, sont considérés comme spécifiquement utilisés ou destinés à être utilisés par l'État à des fins de service public non commerciales les biens, y compris les comptes bancaires, utilisés ou destinés à être utilisés dans l'exercice des fonctions de la mission diplomatique de l'État ou de ses postes consulaires ; qu'aux termes de l'article L. 111-1-3, des mesures conservatoires ou des mesures d'exécution forcée ne peuvent être mises en œuvre sur les biens, y compris les comptes bancaires, utilisés ou destinés à être utilisés dans l'exercice des fonctions de la mission diplomatique des États étrangers ou de leurs postes consulaires, de leurs missions spéciales ou de leurs missions auprès des organisations internationales qu'en cas de renonciation expresse et spéciale des États concernés ;

Attendu que ces dispositions législatives, qui subordonnent la validité de la renonciation par un État étranger à son immunité d'exécution, à la double condition que cette renonciation soit expresse et spéciale, contredisent la doctrine isolée résultant de l'arrêt du 13 mai 2015, mais consacrent la jurisprudence antérieure (Civ. 1re, 28 septembre 2011, pourvoi n° 09-72.057, *Bull.* 2011, I, n° 153 ; Civ. 1re, 28 mars 2013, pourvois n° 10-25.938 et n° 11-10.450, *Bull.* 2013, I, n° 62 et 63) ; que certes, elles concernent les seules mesures d'exécution mises en œuvre après l'entrée en vigueur de la loi et, dès lors, ne s'appliquent pas au présent litige ; que, toutefois, compte tenu de l'impérieuse nécessité, dans un domaine touchant à la souveraineté des États et à la préservation de leurs représentations diplomatiques, de traiter de manière identique des situations similaires, l'objectif de cohérence et de sécurité juridique impose de revenir à la jurisprudence confortée par la loi nouvelle ;

D'où il suit que l'annulation est encourue ;

Et vu les articles L. 411-3 du Code de l'organisation judiciaire et 1015 du Code de procédure civile ;

Attendu que, selon le premier de ces textes, la Cour de cassation peut casser et annuler sans renvoi et, en matière civile, statuer au fond lorsque l'intérêt d'une bonne administration de la justice le justifie ;

Attendu qu'il ressort des énonciations du jugement entrepris que les titulaires des comptes saisis sont, soit l'ambassade de la République du Congo en France, soit la délégation permanente de cet État auprès de l'Unesco ; que la présomption d'affectation à l'accomplissement des fonctions de ces missions diplomatiques est confortée par l'intitulé de ces comptes et que, alors qu'il le lui incombait, le créancier n'a rapporté la preuve contraire devant aucune des juridictions saisies ;

Par ces motifs :

Annule, en toutes ses dispositions, l'arrêt rendu le 30 juin 2016, entre les parties, par la cour d'appel de Paris ;

Dit n'y avoir lieu à renvoi ; Confirme le jugement rendu le 15 décembre 2011, entre les parties, par le tribunal de grande instance de Nanterre.

› 2. *Cas pratiques*

Cas n° 1

Marylin et John formaient un couple heureux jusqu'au jour, le 10 janvier 2013, où John est parti acheter des cigarettes et n'est pas revenu. Il n'a pas donné de nouvelles depuis ce jour. Cette disparition cause beaucoup de soucis à Marylin. En effet, elle et John sont mariés sous le régime de la séparation de biens. John est propriétaire de plusieurs appartements loués mais les locataires refusent de payer leurs loyers à Marylin qui se retrouve quasiment sans ressources pour élever ses trois enfants. Depuis quelques mois, elle a fait la connaissance d'Axel avec qui elle a décidé de se remarier.

Marylin vient vous consulter sur sa situation :

a) elle se demande s'il existe un moyen lui permettant de percevoir les loyers des appartements de John ;

b) la date de son mariage avec Axel étant fixée au 15 mars 2021 prochain, elle veut savoir si celui-ci pourra être célébré sans problème ;

c) enfin, elle se demande ce qui se passerait si John revenait.

Cas n° 2

Gérard Lemoine, photographe, vous apprend qu'au mois de septembre 2020, il a réalisé, avec l'aide de ses assistants, de nombreuses photographies de mariage pour le compte du couple Berkmann. Cette prestation, chiffrée à 1 600 euros, avait donné lieu à l'établissement d'un contrat signé par les futurs époux. Malheureusement, Gérard Lemoine n'en a conservé qu'une photocopie. L'original a été détruit dans un incendie qui a ravagé son immeuble et dont la presse s'est fait l'écho. Aujourd'hui, le couple Berkmann refuse de payer.

Conseillez Gérard Lemoine utilement.

› Préparation

Analyse du sujet

D'une durée de 3 heures, ce sujet est composé de trois exercices : une analyse d'arrêt ainsi que deux cas pratiques. Le premier exercice a pour finalité de vérifier la bonne maîtrise méthodologique et la compréhension d'un arrêt de cassation relatif aux conditions de mise en œuvre de la renonciation d'un État à son immunité d'exécution et à son incidence sur une saisie-attribution. Les deux cas pratiques concernent deux aspects fondamentaux de l'introduction au droit à savoir l'identification de la procédure applicable en cas d'absence ainsi que le droit de la preuve.

› Corrigé

I/ Analyse corrigée de l'arrêt

L'arrêt est relatif aux conditions de mise en œuvre de la renonciation d'un État à son immunité d'exécution et à l'incidence d'une telle renonciation sur une saisie-attribution.

Dans les faits, le 3 mars 1993, la République du Congo s'est engagée, auprès de la société Commisimpex, à renoncer à toute immunité de juridiction et d'exécution. Par exécution d'une sentence arbitrale en date du 3 décembre 2000, la société Commisimpex a ensuite fait opérer une saisie-attribution, entre les mains d'une banque, dans laquelle la délégation permanente congolaise auprès de l'Unesco avait des fonds.

Le TGI de Nanterre a rendu un jugement le 15 décembre 2011.

Il ressort du jugement du TGI que les articles 22 et 25 de la Convention de Vienne du 18 avril 1961, les règles du droit international coutumier relatives à l'immunité d'exécution des États étaient bien applicables. En effet, les titulaires des comptes saisis sont bien un État étranger, à savoir la République du Congo, ou une délégation de cet État, à savoir celle de l'Unesco. En sus, une présomption d'affectation des comptes aux missions diplomatiques étant établie et la preuve contraire de cette qualité n'ayant pas été rapportée par le créancier, les dispositions de la convention de Vienne sont bien applicables.

L'arrêt de la cour d'appel de Versailles a été rendu le 15 novembre 2012.

La 1re chambre civile de la Cour de cassation a dans un premier arrêt en date du 13 mai 2015 cassé et annulé l'arrêt de la cour d'appel de Versailles.

Elle énonce que le droit international coutumier exige que la renonciation à l'immunité d'exécution soit matérialisée, et ce uniquement de manière expresse.

La Cour de cassation renvoie les parties devant la cour d'appel de Paris.

Cette dernière rend un arrêt le 30 juin 2016.

La cour d'appel déclare régulières les saisies pratiquées par la société Commisimpex, par application de la doctrine internationale. Pour cela, elle énonce que seule une renonciation expresse à l'immunité d'exécution est exigée. Or, cette renonciation avait été matérialisée par la lettre du 3 mars 1993 signée par le ministre des Finances et du budget. Lettre dans laquelle la République du Congo renoncé expressément à son immunité au profit de ladite société.

Le second pourvoi a probablement été formé par la République du Congo, l'arrêt de la cour d'appel de Paris étant favorable à la société Commisimpex.

Si la Cour de cassation rejoint le motif de la cour d'appel de Paris, elle casse et annule, au visa des articles 22 et 25 de la Convention de Vienne du 18 avril 1961, sur les règles du droit international coutumier relatives à l'immunité d'exécution des États et l'ensemble des articles L. 111-1-2 et L. 111-1-3 du Code des procédures civiles d'exécution, l'arrêt de cette dernière et confirme le jugement du 15 décembre 2011.

Dans un premier temps, la Cour de cassation énonce que la loi du 9 décembre 2016 a introduit les articles L. 111-1-2 et L. 111-1-3 dans le CPCE. Ces derniers considèrent que son utilisés ou destinés à être utilisés par les États à des fins de service public non commerciales les biens, au sens de l'article L. 1111-1-2 CPCE, tels que les comptes bancaires. En outre, le second article ajoute que les mesures conservatoires ou d'exécution forcée ne peuvent être mises en œuvre sur de tels biens uniquement en cas de renonciation expresse et spéciale des États concernés, c'est-à-dire des États étrangers ou de leurs postes consulaires, dans le cadre de leurs missions spéciales ou de leurs missions auprès des organisations internationales.

Or, ces dispositions légales contredisent la doctrine applicable aux conditions de mise en œuvre de la renonciation à l'immunité d'exécution dans de telles hypothèses. En effet, il ressort d'un arrêt isolé, notamment d'un arrêt du 13 mai 2015 consacrant la jurisprudence antérieure, que seule l'exigence du caractère exprès est requise au titre de la renonciation de l'immunité d'exécution. La Cour ajoute que certes la doctrine est celle antérieure à l'entrée en vigueur des dispositions légales. Cependant, dans un impératif de cohérence, de sécurité juridique et en raison du domaine du litige touchant à la souveraineté des États, à la préservation de leurs représentations diplomatiques, il est nécessaire de revenir à la jurisprudence antérieure à l'arrêt du 13 mai 2015, confortée par les nouvelles dispositions du CPCE qui ne sont pas applicables au litige.

Enfin, la Cour énonce qu'en matière civile et dans un souci de bonne administration de la justice, la Cour de cassation peut casser et annuler sans renvoi et en statuant au fond le litige dont elle est saisie.

Cet arrêt nous interroge sur les conditions de mise en œuvre de la renonciation à l'immunité d'exécution en matière diplomatique.

II/ Cas pratiques

Cas n° 1

Marylin et John formaient un couple heureux jusqu'au jour, le 10 janvier 2013, où John est parti acheter des cigarettes et n'est pas revenu. Il n'a pas donné de nouvelles depuis ce jour. Cette disparition cause beaucoup de soucis à Marylin. En effet, elle et John sont mariés sous le régime de la séparation de biens. John est propriétaire de plusieurs appartements loués mais les locataires refusent de payer leurs loyers à Marylin qui se retrouve quasiment sans ressources pour élever ses trois enfants. Depuis quelques mois, elle a fait la connaissance d'Axel avec qui elle a décidé de se remarier.

Marylin vient vous consulter sur sa situation.

a) Elle se demande s'il existe un moyen lui permettant de percevoir les loyers des appartements de John

Bref rappel des faits : John n'est plus paru à son domicile depuis qu'il est parti chercher des cigarettes. Son épouse Marylin vous consulte afin de connaître la procédure à suivre et notamment de savoir comment elle peut percevoir les loyers du logement dont John est propriétaire.

Question de droit : Quel est le régime applicable lorsqu'un individu ne parait plus à son domicile ?

1 • Détermination du régime applicable

Selon l'article 112 du Code civil, l'absence est caractérisée « lorsqu'une personne a cessé de paraître au lieu de son domicile ou de sa résidence sans que l'on en ait eu de nouvelles ».

La condition « disparu dans des circonstances de nature à mettre sa vie en danger » permet de distinguer le domaine d'application de la disparition de celui de l'absence (dans ce dernier cas la personne a cessé de paraître dans quelque circonstance que ce soit).

En l'espèce, rien ne nous indique que John ait été exposé à une situation de nature à mettre sa vie en danger, écartant de fait la procédure de disparition. En effet, John est sorti chercher des cigarettes et n'est jamais rentré.

Par conséquent, il convient d'envisager la procédure de l'absence et non la disparition.

2 • Le régime de l'absence

Aux termes de l'article 112 du Code civil deux conditions cumulatives sont nécessaires au titre de l'absence :
– l'absence de nouvelles données par la personne à ses proches ;
– le fait que la personne a cessé de paraître au lieu de son domicile ou de sa résidence.

En l'espèce, John est parti acheter des cigarettes et n'a plus donné aucune nouvelle depuis ce jour. En outre, il a cessé de paraître à son domicile depuis ce jour.

De fait, les conditions d'ouverture de la procédure d'absence sont bien réunies.

La présomption d'absence

Durant cette première période, le droit considère que la personne ne s'est absentée que temporairement et qu'elle va réapparaître. Il s'agit d'une présomption de survie. L'objectif est d'organiser la gestion des biens de l'absent en attendant son retour.

Il ressort de l'article 112 du Code civil que le constat de la présomption d'absence est fait par le juge du contentieux de la protection sur demande de toutes personnes intéressées ou du ministère public.

En outre, l'article 1062, alinéa 1, du C. pr. civ., dispose que le juge du contentieux de la protection compétent pour prononcer ces mesures est celui qui exerce ses fonctions au tribunal judiciaire dans le ressort duquel la personne dont il s'agit de constater l'absence demeure ou a eu sa résidence.

Enfin, l'article 113 Code civil précise que le juge désignera « un ou plusieurs parents ou alliés, ou, le cas échéant, toutes autres personnes pour représenter la personne présumée absente dans l'exercice de ses droits ou dans tout acte auquel elle serait intéressée, ainsi que pour administrer tout ou partie de ses biens ».

Dès lors, la période de présomption d'absence à une finalité de représentation de l'absent uniquement.

Dans les faits, Marylin étant la femme de John, elle a tout intérêt de saisir le juge du contentieux de la protection dans le ressort duquel John a son domicile. Par application de l'article 113, elle pourra être désignée par le juge pour représenter John dans l'administration de ses biens.

Or, John est propriétaire de logements dont il perçoit des loyers. Aussi, Marylin pourra percevoir lesdits loyers au nom et pour le compte de John durant son absence.

b) La date de son mariage avec Axel étant fixée au 15 mars 2021 prochain, elle veut savoir si celui-ci pourra être célébré sans problème.

La déclaration d'absence

L'article 122 du Code civil dispose que : « Lorsqu'il se sera écoulé dix ans depuis le jugement qui a constaté la présomption d'absence, soit selon les modalités fixées par l'article 112, soit à l'occasion de l'une des procédures judiciaires prévues par les articles 217 et 219, 1426 et 1429, l'absence pourra être déclarée par le tribunal judiciaire à la requête de toute partie intéressée ou du ministère public. Il en sera de même quand, à défaut d'une telle constatation, la personne aura cessé de paraître au lieu de son domicile ou de sa résidence, sans que l'on en ait eu de nouvelles depuis plus de vingt ans ».

La requête aux fins de déclaration d'absence doit être publiée (C. civ., art. 123).

En l'espèce, Marylin est sans nouvelles de John depuis le 10 janvier 2013.

Cependant, ni le délai de 10 en cas de constatation de la présomption d'absence, ni le délai de 20 ans en cas de défaut de constatation d'une présomption d'absence ne sont écoulés.

En effet, Marylin n'a pas encore obtenu un jugement de présomption d'absence. En tout état de cause, en mars 2021, cela fera moins d'un an que la présomption d'absence de John sera établie.

En conséquence, l'absence de John ne pourra pas être déclarée judiciairement.

Or, aux termes des articles 127 et 128 du Code civil, seul le jugement déclaratif d'absence produit tous les effets propres au décès.

À ce titre et dans une lecture *a contrario* de l'article 132 du Code civil, le jugement déclaratif d'absence dissout l'éventuel mariage.

Dans les faits, Marylin et John sont mariés. Cette dernière souhaite se remarier en mars 2021, il faut pour cela que son mariage avec John soit dissous ce qui sera impossible, la déclaration d'absence (donc le décès) ne pouvant être obtenue.

En conséquence, Marylin ne pourra pas se marier avec Alex.

c) Enfin, elle se demande ce qui se passerait si John revenait

Si l'absent reparaît ou donne de ses nouvelles pendant la période de présomption d'absence : l'article 118 du Code civil prévoit qu'il pourra demander la fin des mesures prises pour la représentation et l'administration de ses biens et qu'il recouvrera les biens acquis ou gérés pour son compte durant la période d'absence.

Si l'absent reparaît ou si son existence est prouvée avant le prononcé du jugement déclaratif d'absence, la requête en déclaration d'absence est non avenue (C. civ., art. 126).

Si l'absent reparaît ou si son existence est prouvée postérieurement au jugement déclaratif d'absence, le procureur de la République ou toute personne intéressée, y compris l'absent, pourra demander son annulation (C. civ., art. 129, al. 1). Le jugement d'annulation fera alors l'objet d'une publication et il sera transcrit aux registres de l'état civil (C. civ., art. 129, al. 3).

L'article 130 du Code civil prévoit que l'absent dont l'existence est judiciairement constatée recouvre ses biens dans l'état où ils se trouvent au jour de la restitution (sauf fraude dans l'établissement de la déclaration d'absence : C. civ., art. 131).

L'article 132 du Code civil prévoit que le mariage de l'absent restera dissous.

En l'espèce, dans l'hypothèse où John réapparaîtrait, il pourra recouvrer la gestion de ses biens dont les appartements.

En outre, s'il réapparaît après le jugement déclaratif d'absence, et dans l'hypothèse où Marylin s'est remariée, le mariage de John restera dissous et Marylin restera mariée à Alex.

Cas n° 2

Gérard Lemoine, photographe, vous apprend qu'au mois de septembre 2020, il a réalisé avec l'aide de ses assistants de nombreuses photographies de mariage pour le compte du couple Berkmann. Cette prestation chiffrée à 1 600 euros avait donné lieu à l'établissement d'un contrat signé par les futurs époux. Malheureusement, Gérard Lemoine n'en a conservé qu'une photocopie. L'original a été détruit dans un incendie qui a ravagé son immeuble et dont la presse s'est fait l'écho. Aujourd'hui, le couple Berkmann refuse de payer.

Conseillez Gérard Lemoine utilement.

Bref rappel des faits : Un contrat de prestation de service a été signé, en un exemplaire, entre un couple et un photographe, Gérard. Ce couple refuse de payer la prestation. Gérard vous demande conseil.

Question de droit : Comment rapporter la preuve de l'existence de la prestation alors même que le contrat la constatant a été détruit lors d'un incendie ?

1 • Charge de la preuve

L'article 1353 du Code civil dispose que la charge de la preuve repose sur le demandeur.

En l'espèce, le demandeur est Gérard le photographe. Aussi, c'est sur lui que repose la charge de la preuve.

2 • Objet de la preuve

L'article 1100-1 du Code civil énonce que les actes juridiques sont des manifestations de volonté destinées à produire des effets de droit.

L'article 1100-2 du Code civil dispose que les faits juridiques sont des agissements ou événements auxquels la loi attache des effets de droit.

En l'espèce, il s'agit de rapporter la preuve d'un acte juridique et plus particulièrement d'un contrat de prestation de service.

3 • Modes de preuve

L'article 1358 du Code civil énonce qu'en principe, sauf si la loi en dispose autrement, la preuve peut se faire par tous moyens.

L'article 1359 du Code civil précise que, pour les actes juridiques dépassant un certain montant fixé par décret, la preuve doit être rapportée par un écrit.

Le décret du 20 août 2004 fixe ce montant à 1 500 euros.

En l'espèce, il s'agit d'un contrat d'une valeur de 1 600 euros. Aussi, Gérard devra rapporter la preuve de ce contrat par écrit.

Cependant, il nous est indiqué que le contrat a bien été établi par écrit mais en un seul exemplaire, exemplaire qui a été détruit dans un incendie. En outre, il n'a pu sauver qu'une photocopie de ce contrat.

Or, l'article 1360 du Code civil dispose que les règles prévues à l'article 1359 du code reçoivent exception « en cas d'impossibilité matérielle ou morale de se procurer un écrit, s'il est d'usage de ne pas établir un écrit, ou lorsque l'écrit a été perdu par force majeure ».

En outre, la force majeure s'entend comme un événement imprévisible, irrésistible et extérieur.

En l'espèce, l'incendie est bien un événement qu'il est impossible de prévoir, non provoqué par un individu et qu'il est impossible d'empêcher. En effet, l'événement tragique a été relaté dans les journaux.

Par conséquent, Gérard peut rapporter la preuve de l'existence du contrat par tous moyens.

Dès lors, l'article 1379 du Code civil énonce que la photocopie a la même force probante que l'original jusqu'à preuve du contraire.

Pour cela, elle doit résulter d'une reproduction à l'identique de la forme et du contenu de l'acte (al. 2).

Dans les faits, Gérard dispose uniquement d'une photocopie pour prouver le contrat et il semble qu'elle correspond à l'identique à l'original.

Aussi, il pourra rapporter la preuve du contrat grâce à ladite photocopie.

Le droit

Thème principal

Application de la loi dans le temps

Mots-clés

Preuve,
Vie privée,
Image

Sujet donné et corrigé établi par

Thierry Garé, Professeur, Université Toulouse 1 Capitole

Premier semestre 2018-2019

› *Cas pratique*

Il y a six mois, Pablo a déménagé de Marseille à Toulouse. Lorsqu'il a quitté son logement marseillais, il a résilié le contrat d'abonnement électrique qu'il avait souscrit. Par ailleurs, pour se loger dans la ville rose, Pablo a loué un appartement (Place Wilson) qu'il partage avec une colocataire, prénommée Jeanne.

Il y a une dizaine de jours, Pablo a reçu de la Compagnie Marseillaise d'électricité un courrier lui réclamant le paiement de frais de résiliation. La Compagnie invoque une loi d'ordre public entrée en vigueur le mois dernier, qui impose à tous les abonnés qui entendent résilier leur contrat de fourniture d'électricité le paiement de ces frais de résiliation.

Par ailleurs, Pablo a reçu hier une convocation devant le Tribunal de Police de Marseille pour un excès de vitesse commis avant son départ, mais inférieur à 20 km/h, dont il a oublié de payer l'amende... Il se demande si il peut invoquer une loi entrée en vigueur hier qui prévoit que les excès de vitesse inférieurs à 20 km/h sont désormais soumis à une prescription extinctive de 2 mois...

Hier, également, un de ses collègues de travail a déposé sur le bureau de Pablo le dernier exemplaire de l'hebdomadaire (HGR) Haute-Garonne Ragots, qui soutient, photos à l'appui, que Pablo entretient une liaison avec sa colocataire, Jeanne. Les photographies ont été prises depuis la voie publique, à l'aide d'un drone, qui a réussi à capter l'image des deux jeunes gens dans le salon de leur appartement. La lecture de cet article a fait sourire Pablo, mais Jeanne a très mal vécu cette révélation, d'autant qu'elle était, jusque-là, en couple avec Louis et que celui-ci vient de l'informer de son intention de mettre fin à leur relation...

Jeanne voit ses projets de vie commune avec Louis s'envoler... Elle se demande aussi si elle pourra récupérer l'argent qu'elle a prêté à Louis : une somme de 650 euros pour qu'il fasse réparer sa voiture et, quelques jours plus tard, une somme de 2 000 euros pour qu'il paye les quatre mois de loyers en retard qu'il devait à son propriétaire... Évidemment, aucun écrit n'a été dressé. Jeanne avait confiance...

Vous exposerez les conséquences juridiques de cette situation.

L'utilisation du Code civil, vierge de toute annotation manuscrite, est seule autorisée.

› *Préparation*

Analyse du sujet
Le cas pratique soumis aux étudiants était destiné à évaluer leur compréhension des règles relatives à l'application de la loi dans le temps et au droit de la preuve des droits subjectifs. Ces deux questions centrales du programme du premier semestre avaient évidemment été étudiées en cours et en TD. La question relative à la protection de la vie privée et de l'image (également traitée en cours et en TD) était destinée à permettre aux étudiants qui n'avaient pas bien réussi les autres questions de se rattraper. Évidemment, pour les trois questions, une bonne compréhension du cours et de la jurisprudence était nécessaire.

Plan du corrigé
I/ Les frais de résiliation II/ L'excès de vitesse III/ L'article de presse IV/ Le prêt

› *Corrigé*

Les étudiants étant dispensés du résumé des faits, l'introduction pouvait donc se limiter à l'indication des problèmes à résoudre.

En l'espèce, il s'agit :

- des frais de résiliation ;
- de la contravention d'excès de vitesse ;
- des photos et des révélations publiées dans la presse ;
- des sommes prêtées à Louis.

I/ Les frais de résiliation

Les étudiants devaient se rendre compte que, malgré les apparences, il n'y a pas de conflit de lois dans le temps. On est, certes, en présence d'une situation contractuelle et d'une loi d'ordre public, mais le contrat a pris fin puisque l'abonnement a été résilié plus de six mois avant l'entrée en vigueur de la loi nouvelle. La situation n'étant plus en cours, cette loi ne peut être appliquée, d'autant que rien ne permet de penser, dans l'énoncé, qu'elle aurait un caractère expressément rétroactif. Donc les frais de résiliation ne sont pas dus car la loi nouvelle n'est pas applicable. De nombreux étudiants se sont trompés ici, et ont perdu du temps à résoudre un conflit de lois dans le temps qui n'existait pas. Souvent, ils n'ont pas réussi à terminer la résolution des autres questions...

II/ L'excès de vitesse

Les étudiants devaient relever ici que :

– l'excès de vitesse a été commis avant le départ de Marseille, donc il y a plus de 6 mois ;

– que Pablo n'a pas encore été jugé : la situation est donc en cours et l'entrée en vigueur des dispositions nouvelles fait bien naître un conflit de lois dans le temps ;

– que la loi nouvelle concerne la prescription ; il s'agit donc d'une loi de forme ;

– qu'elle est donc d'application immédiate aux procès en cours, d'autant qu'elle n'est pas défavorable aux prévenus puisqu'elle réduit le délai de prescription.

En conséquence, Pablo pourra invoquer l'application immédiate de cette loi pour échapper aux poursuites.

III/ L'article de presse

Ici se pose évidemment un problème d'image (les photos prises à l'aide d'un drone) et un problème d'atteinte à la vie privée (à raison du contenu de l'article qui concerne la vie sentimentale prétendue de Jeanne).

S'agissant des photos, elles ne pouvaient être publiées sans l'autorisation des intéressées car elles concernent l'intérieur de l'appartement, qui est un lieu privé. Même solution pour les révélations sur la vie sentimentale : même si on les tient pour vraies, elles ne pouvaient être révélées qu'avec le consentement des deux intéressés... Les étudiants devaient donc retenir une atteinte à l'image et une atteinte à la vie privée.

S'agissant des sanctions, il suffit d'appliquer les règles classiques : dommages-intérêts en réparation du préjudice déjà réalisé, mesures en nature, le cas échéant ordonnées en référé, pour faire cesser le trouble (saisie, séquestre, insertion du dispositif de la décision de condamnation…).

IV/ Le prêt

Les étudiants devaient être particulièrement attentifs aux faits : il y a eu deux remises de fonds, dont les montants sont différents. Il y a donc deux contrats de prêt distincts : l'un d'un montant inférieur à 1 500 euros, l'autre d'un montant supérieur. Globaliser les sommes prêtées conduisait à ne pas appliquer les bonnes règles de preuve…

Pour le premier prêt, la preuve est libre. Encore faut-il qu'il existe des éléments de preuve suffisants… Pour le second prêt, il faut, en théorie, un écrit. Mais les étudiants devaient discuter l'impossibilité matérielle ou morale puisque Jeanne et Louis étaient en couple et que, l'énoncé le dit, Jeanne avait confiance. La preuve pourra donc être rapportée par tous moyens pour le second prêt également.

Reste donc à savoir par quels moyens : qu'il s'agisse du premier ou du second prêt, l'énoncé ne fait référence ni à des indices, ni à des témoignages, ni à des présomptions… Le témoignage du garagiste ne sera intéressant que si il peut prouver la nature juridique de la remise des fonds (le prêt…) et cela n'est pas très plausible…

En dernier recours, les étudiants discuteront peut-être le serment décisoire.

Barème indicatif :
Identification des problèmes : *2 points*
I/ Les frais de résiliation : *4 points*
II/ L'excès de vitesse : *4 points*
III/ L'article de presse : *4 points*
IV/ Le prêt : *6 points*
Dans le cadre de la correction a été privilégiée l'intelligence des développements et l'existence d'une véritable réflexion (et non une simple récitation du cours).
Il a été retiré jusqu'à quatre points pour la forme (présentation, vocabulaire juridique, orthographe, syntaxe…).

Les personnes

› *Cas pratique*

Thème principal

L'état des personnes

Mots-clés

Nom de famille, Prénom, Attribution, Changement

Marcel Banturle et Aesa Le Bellec du Kerderrien se sont mariés en 2015. Le garçon, fruit de leur amour, est né au matin du 3 octobre 2021. Ils ont choisi pour lui un prénom lié à leur passion commune pour Astérix. Marcel s'est rendu auprès des services de l'état civil de la ville de Lyon le lendemain pour déclarer la naissance de Coronavirus Banturle-du Kerderrien. Toutefois, les personnels administratifs lui ont indiqué ne pas pouvoir enregistrer le prénom et le nom de famille qu'Aesa et lui ont choisi pour leur fils. Ils ont notamment insisté sur les tracasseries administratives que rencontrerait leur enfant en étant pourvu d'un nom de famille aussi long. Ils l'ont invité à choisir avec sa femme un autre prénom et un nom de famille plus approprié. Inquiet, Marcel vient vous consulter. Il veut savoir si Aesa et lui doivent renoncer à leurs choix de prénom et de nom de famille, et quelle alternative s'offre à eux.

Par ailleurs, Marcel Banturle est enfin parvenu à intégrer l'École nationale de magistrature. Toutefois, il voudrait, une fois devenu magistrat, porter un prénom et un nom qui soient à la fois le reflet de sa nouvelle position et de son identité. Il souhaite changer son nom et son prénom. En effet, le nom Banturle, d'origine occitane, suggère qu'il est dilettante, ce qui fait mauvais genre pour un magistrat. Il préférerait porter le nom de ses ancêtres que son oncle mourant est le dernier à porter, De Karmakron. Quant au prénom Marcel, il ne l'a jamais vraiment aimé. Il lui préfère son second prénom, Edernig. Aussi vient-il vous consulter pour connaître les démarches qu'il lui appartient d'entreprendre ainsi que ses chances de succès.

Sujet donné et corrigé établi par

Ludovic Pailler, Professeur, Université Jean Moulin Lyon 3

Premier semestre 2020-2021

› Préparation

Analyse du sujet

Ce cas pratique se réfère au changement de nom et de prénom. Il éprouve les connaissances techniques de l'étudiant et son aptitude à argumenter en droit et en fait.

Plan du corrigé

I/ L'attribution du prénom et du nom de l'enfant
A – L'attribution libre du prénom
B – L'attribution encadrée du nom de famille
II/ Le changement du prénom et du nom de famille du père
A – Le changement de prénom usuel
B – Le changement de nom de famille en vue d'éviter l'extinction d'un nom de famille

› Corrigé

Le principe d'indisponibilité de l'état des personnes a perdu de sa vigueur au fil des réformes législatives et des décisions prétoriennes. Si la question de la modification de la mention du sexe à l'état civil en est le principal marqueur, l'évolution s'apprécie également à propos des règles d'attribution et de modification des prénoms et nom de famille.

Au cas d'espèce, Marcel Banturle et Aesa Le Bellec du Kerderrien, mariés en 2015, ont eu un enfant le 3 octobre 2021. Ils ont souhaité le prénommer Coronavirus et lui donner pour nom de famille Banturle-du Kerderrien. L'officier d'état civil a refusé d'enregistrer ces choix. Par ailleurs, Marcel souhaite substituer à son actuel nom de famille celui de son oncle qui, autrement disparaîtra, et prendre pour prénom usuel son second prénom, Edernig.

Deux séries de questions se posent. L'une concerne l'attribution du prénom et du nom de famille de l'enfant (I), l'autre le changement de nom et de prénom du père (II).

I/ L'attribution du prénom et du nom de l'enfant

La liberté dont disposent les parents dans l'attribution du prénom et du nom de l'enfant diffère. L'attribution du prénom est en principe libre (A) quand l'attribution du nom de famille est précisément encadrée par le droit civil (B).

A – L'attribution libre du prénom

Est-il possible aux parents, en vertu de l'article 57 du Code civil, d'attribuer pour prénom à leur enfant le nom d'un virus à l'origine d'une pandémie ?

Le choix du prénom est un attribut de l'autorité parentale. Il était autrefois limité par la loi du 11 Germinal An IX aux prénoms en usage dans les calendriers (révolutionnaire et catholique) ainsi qu'aux prénoms des personnages connus de l'Antiquité ancienne. La loi du 8 janvier 1993 a consacré une pratique plus souple. Le principe est désormais celui de la liberté des parents quant au choix du prénom de leur enfant (C. civ., art. 57, al. 2). Toutefois, la liberté n'est pas sans exception. L'article 57, alinéa 3, du Code civil, permet à l'officier d'état civil d'aviser sans délai le procureur de la République du choix par les parents d'un prénom qui lui paraît contraire à l'intérêt de l'enfant ou au droit des tiers à protéger leur nom de famille. Le cas échéant, le procureur de la république pourra saisir le juge aux affaires familiales.

Sur le fondement de ces dispositions, certains prénoms n'ont pu être attribués à l'enfant comme *Titeuf*, prénom d'un héros de bandes dessinées (Civ. 1re, 9 févr. 2012, n° 10-27.512 et 11-19.963).

En l'espèce, le choix des parents s'est porté sur le prénom Coronavirus. Outre qu'il s'agit du prénom d'un personnage de bandes dessinées (J.-Y. Ferri et D. Conrad, *Astérix et la Transitalique*, 2017), ce prénom correspond surtout à un virus à l'origine d'une pandémie qui a provoqué une crise sanitaire et économique sans précédent ainsi que des centaines de milliers de décès dans le monde. Eu égard à ce contexte, le prénom choisi ne peut être regardé comme compatible avec l'intérêt de l'enfant. Ce dernier aurait à souffrir de la connotation de son prénom dans sa vie quotidienne, et plus particulièrement dans ses rapports à autrui et à l'administration.

En conséquence, il convient de recommander à Marcel Banturle et à son épouse de choisir un autre prénom pour leur enfant car le procureur de la République, avisé par l'officier d'état civil, pourrait saisir avec succès le juge aux affaires familiales pour qu'il leur soit enjoint de changer le prénom.

B – L'attribution encadrée du nom de famille

Sur le fondement de l'article 311-21 du Code civil, quel nom de famille peut être attribué à l'enfant d'un couple marié dont l'épouse porte un nom composé ?

Lorsque les parents sont mariés, l'établissement du lien de filiation à l'égard de la mère établit en même temps la filiation à l'égard du père par l'effet de la présomption de paternité du mari (C. civ., art. 312). Dans cette hypothèse où la filiation de l'enfant est établie simultanément à l'égard de ses deux parents, l'article 311-21 du Code civil ouvre alors trois possibilités aux parents. Ils peuvent attribuer à l'enfant soit le nom de famille du père, soit le nom de famille de la mère, soit le nom de famille de chacun d'eux accolés dans l'ordre choisi par eux et dans la limite d'un nom de famille chacun d'eux. Cette dernière précision vaut pour les parents dont le nom de famille est double, c'est-à-dire a été établi en application du droit nouveau. En revanche, les noms composés antérieurs à la réforme sont insécables. Ils se distinguent formellement du double nom de famille qui, sur l'acte de naissance de la personne concernée, est suivi de la mention relative à une déclaration conjointe des parents ou à l'application des dispositions légales.

En l'absence de déclaration conjointe à l'officier de l'état civil, l'enfant prendra le nom de son père. En cas de désaccord des parents, l'enfant prendra le nom de famille de son père et de sa mère dans la limite du premier nom de famille de chacun d'eux et accolés dans l'ordre alphabétique.

En l'espèce, le nom de famille de Marcel est Banturle, celui d'Aesa Le Bellec du Kerderrien. Nous ne disposons d'aucune information pertinente sur la nature de ce nom composé. Deux hypothèses doivent dès lors être distinguées.

Si Aesa porte un double nom de famille, celui-ci est sécable. En d'autres termes, les parents peuvent librement décider d'attribuer à leur enfant le nom de famille Banturle-du Kerderrien.

Si Aesa porte un nom de famille composé et insécable, le nom choisi par les parents n'est pas valable aux termes de l'article 311-21 du Code civil puisqu'il procède d'un découpage du nom composé. Les parents ne pourront choisir que parmi les possibilités suivantes : Banturle, Le Bellec Du Kerderrien, Le Bellec Du Kerderrien-Banturle ou Banturle-Le Bellec Du Kerderrien.

En conclusion, il convient de répondre à Marcel que le choix du nom de famille qu'il a arrêté avec son épouse ne sera valable que si cette dernière porte un double nom de famille. Dans le cas contraire, ils devront modifier leur choix. À défaut pour eux de s'entendre, l'enfant s'appellera Banturle-Le Bellec du Kerderrien. Et s'ils ne font aucune déclaration conjointe à l'officier d'état civil, l'enfant s'appellera Banturle.

La liberté relative qui existe au stade de l'attribution du prénom et du nom de famille se réduit considérablement lorsqu'il s'agit de les modifier.

II/ Le changement du prénom et du nom de famille du père

La demande de changement de prénom usuel de Marcel ne pose pas de particulières difficultés (A), à la différence de la demande de changement de nom de famille (B).

A – Le changement de prénom usuel

Sur le fondement de l'article 57, alinéa 2, du Code civil, une personne est-elle libre de changer son prénom usuel pour un autre de ses prénoms inscrits sur son acte de naissance ?

L'article 57, alinéa 2, *in fine*, du Code civil prévoit que le prénom usuel peut être librement choisi parmi les prénoms inscrits dans l'acte de naissance. En d'autres termes, il faut distinguer le changement de prénom, qui implique une modification de l'acte de naissance, du changement de prénom usuel qui relève simplement d'un choix quant à la façon dont la personne concernée souhaite être identifiée dans ses relations à autrui sans modification de son acte de naissance.

Au cas d'espèce, Marcel souhaite désormais se faire appeler Edernig, second prénom inscrit sur son acte de naissance. Il s'agit d'un choix qui n'implique aucune modification de son acte de naissance.

Marcel peut donc librement porter le prénom Edernig sans accomplir aucune formalité préalable.

B – Le changement de nom de famille en vue d'éviter l'extinction d'un nom de famille

Sur le fondement de l'article 61 du Code civil, est-il possible de changer de nom de famille en invoquant son caractère gênant ou bien le risque d'extinction du nom de famille d'un collatéral au troisième degré ?

En principe, et pour garantir les objectifs de police civile, le nom de famille est immuable. Toutefois l'article 61 du Code civil permet à une personne qui justifie d'un intérêt légitime de demander à changer de nom. Cette demande de changement de nom, adressée au ministère de la Justice, doit être publiée au journal officiel. L'autorisation de changer de nom pourra être ensuite donnée par décret sur décision du ministre de la Justice qui doit vérifier l'existence d'un intérêt légitime.

Parmi ces motifs légitimes, l'article 61, alinéa 2, du Code civil mentionne celui d'éviter l'extinction du nom porté par un collatéral du demandeur jusqu'au quatrième degré. Et la jurisprudence a précisé qu'il n'était pas nécessaire à cette fin que le demandeur soit le plus proche parent ou qu'il dispose de l'accord du parent porteur du nom de famille (CE 19 mai 2004, n° 236470). Par ailleurs, la jurisprudence admet comme motif légitime le port d'un nom de famille infamant ou gênant.

Enfin, l'article 61-2 du Code civil prévoit que le changement de nom s'applique automatiquement aux enfants du demandeur lorsqu'ils ont moins de 13 ans.

En l'espèce, Marcel souhaite changer de nom de famille pour s'appeler de Karmakron. Deux motifs pourraient être invoqués à cette fin. Le fondement le plus fragile tient au caractère gênant de son nom de famille. En effet, celui-ci suggère qu'il manque de sérieux alors qu'il vient d'intégrer une école prestigieuse. Toutefois, il s'agit d'un nom de famille issu d'une langue régionale qui, même dans le sud-ouest, n'est plus guère parlée et comprise. Il apparaît dès lors peu probable que ce motif puisse être considéré comme légitime et qu'il puisse justifier le changement de nom de famille demandé.

En revanche, l'autre fondement tient à l'extinction du nom de famille porté par un collatéral au troisième degré, l'oncle de Marcel.

Sur ce dernier fondement, et sans autre condition à remplir, l'article 61, alinéa 2, du Code civil lui permet donc de prétendre valablement à la modification de son nom de famille. Il conviendra cependant de lui indiquer que ce changement produira automatiquement effet à l'égard de son fils qui a moins de treize ans.

Les personnes

Thème principal

La mention du sexe à l'état civil

Mots-clés

Sexe, État civil, Transsexualisme, Intersexualisme

› *Dissertation*

Sexe et volonté individuelle en droit des personnes

Sujet donné et corrigé établi par

Cathy Pomart, Maître de conférences (HDR), Université de La Réunion

Premier semestre 2020-2021

› Préparation

Analyse du sujet

Cette dissertation permet de revenir sur une question d'actualité en droit des personnes : la question de la détermination et de l'éventuel changement de sexe. Elle conduit en outre à s'intéresser à la problématique de l'adaptation du droit (en l'espèce, le droit des personnes) et propose une réflexion sur les sources du droit : rôle de la loi, des circulaires, de la jurisprudence, de la doctrine, influence en droit interne des prises de position étrangères et européennes.

Plan du corrigé

I/ L'affirmation de la volonté individuelle dans la détermination du sexe
A – Transsexualisme et volonté de la personne concernée
B – Intersexualisme et volonté des parents de la personne concernée.
II/ Les freins à la liberté individuelle s'agissant de la détermination du sexe
A – L'exigence de preuve de l'identité transgenre ou le choix dicté par la nature
B – La binarité du système français en question

› Corrigé

Il importe en premier lieu de distinguer le sexe d'un individu et la sexualité. Interroger la place de la volonté individuelle en matière sexuelle conduirait à aborder notamment les actes sexuels consentis ou imposés (et donc les infractions pénales susceptibles d'être caractérisées : viol, agressions sexuelles, atteintes sexuelles, inceste), les pratiques sexuelles sadomasochistes ou violentes et plus généralement les notions de consentement, de discernement et de contrainte. Mais c'est ici le sexe d'un individu en tant qu'élément de l'état civil – autrement dit le sexe juridique – qui retiendra notre attention, non les questions ayant trait à sa sexualité.

Le sujet nous invite en effet à réfléchir sur la place de la volonté individuelle en matière d'état civil. L'état d'une personne peut se définir comme sa situation juridique, son statut. L'état civil comprend dès lors l'ensemble des éléments de droit privé qui permettent d'individualiser la personne, de la singulariser. Cet état regroupe son nom, son prénom, sa nationalité, son statut familial (filiation et situation matrimoniale), son âge, son domicile et son sexe.

Lorsque l'on rapproche l'état civil et la volonté individuelle, le premier réflexe consiste à se reporter à la présentation classique de l'état des personnes comme étant indivisible, imprescriptible et surtout indisponible. Le principe de l'indisponibilité de l'état des personnes signifie que la volonté de l'individu est *a priori* sans effet sur les éléments de son état. Ce principe est d'ordre public. Il convient toutefois de préciser dès à présent que l'acception du principe d'indisponibilité retenue par notre droit est plus nuancée. Le principe est amené à composer avec des changements d'état (*changement de statut matrimonial, changement de nom, changement de nationalité, adoption donc changement de filiation, changement de domicile, etc.*) changements qui sont contrôlés et encadrés par le droit : l'immutabilité de l'état civil cède le pas à une mutabilité contrôlée. Il peut être tentant alors de faire référence à la libre disposition de son corps et potentiellement de son état par l'individu. Le passage d'une perception de l'individu « usufruitier » de son corps à celle de l'individu « propriétaire » de son corps semble plaider en ce sens. Si le corps change, l'état civil doit prendre acte des volontés de changement.

Ces précisions étant apportées, il convient à présent de quitter l'approche globale sous l'angle de l'état civil pour centrer nos propos sur le sexe de l'individu. Mettre en rapport sexe et volonté individuelle conduit à se poser la question de l'attribution d'un sexe à la naissance mais aussi celle du changement de sexe. Historiquement, ces questions posées par la situation des personnes intersexuées et transsexuelles ont – pour l'essentiel – été réglées par la jurisprudence. La loi n'avait rien prévu de spécifique à ce sujet dès lors qu'elle n'avait pas anticipé ces questions. Pendant très longtemps, le seul texte du Code civil faisant référence au sexe de la personne était l'article 57 dudit code en vertu duquel « l'acte de naissance énoncera le jour, l'heure et le lieu de naissance, le sexe de l'enfant, les prénoms qui lui seront donnés, le nom de famille [...], ainsi que les prénoms, noms, âges, professions et domiciles des père et mère et, s'il y a lieu, ceux du déclarant ». Cette disposition précise le rôle de l'acte de naissance... son objectif n'a jamais été d'affirmer l'immutabilité du sexe. Elle ne précise en outre aucunement les mentions possibles s'agissant du sexe (homme, femme, une autre mention ?). La seule certitude à ce stade concerne l'attribution obligatoire d'un sexe à l'individu.

Quelle est donc la place réservée par notre droit à la volonté individuelle en matière de détermination et de changement de sexe ? Le sexe de l'individu a longtemps été considéré comme le fruit de la nature. Il s'imposait à l'individu et au droit. Il ne pouvait être contesté, ni remis en cause. Le principe qui semblait s'imposer par voie de conséquence était donc celui de l'immutabilité du sexe. Progressivement cependant, la volonté individuelle a – semble-t-il – été amenée à jouer un rôle s'agissant de la détermination du sexe de l'individu. Si aujourd'hui le sexe d'un individu paraît être déterminé par une expression de volonté (I), à la vérité ce choix n'en est pas un (II), ce qui entretient encore des revendications en faveur d'une évolution de notre droit positif et d'une liberté plus grande.

I/ L'affirmation de la volonté individuelle dans la détermination du sexe

La volonté individuelle joue apparemment aujourd'hui un rôle en matière de détermination du sexe. Cela s'illustre notamment à travers la possibilité offerte à un individu transsexuel de faire une demande de changement de sexe. La volonté individuelle semble également présente dans les hypothèses d'intersexualité dès lors qu'il existe une obligation pour les parents de choisir un des deux sexes – masculin ou féminin – pour l'enfant concerné. Volonté de l'intéressé d'une part pour le transsexualisme (A), volonté des parents de l'autre pour l'intersexualisme (B), la détermination du sexe semble être la traduction de choix !

A – Transsexualisme et volonté de la personne concernée

Les personnes transsexuelles ont la conviction de ne pas appartenir au sexe mentionné sur leur acte de naissance. Leur comportement social et les modifications morphologiques pouvant résulter de traitements hormonaux ou d'interventions chirurgicales les conduisent à demander une modification de leur sexe juridique mentionné à l'état civil. Cette modification sollicitée n'est pas une simple rectification judiciaire de l'état civil du fait d'une erreur qui serait survenue au moment de l'établissement dudit état civil

(C. civ., art. 99) mais s'analyse en une véritable demande de rectification de l'état civil.

Si, à l'origine, la primauté reconnue au principe d'indisponibilité de l'état des personnes conduisait à leur refuser une telle modification, sa nécessaire conciliation avec le droit au respect de la vie privée (garanti en droit interne – C. civ., art. 9 – et en droit européen – notamment Conv. EDH, art. 8) a, par la suite, permis de l'admettre sous conditions. En la matière, il faut se souvenir que l'évolution de l'état du droit est avant tout le fruit de la jurisprudence (et non le résultat d'une réforme législative).

Pendant longtemps, les juges français ont refusé la modification de l'acte de naissance du transsexuel pour le mettre en concordance avec l'identité sexuelle choisie au motif que le transsexualisme – même médicalement reconnu – ne pouvait s'analyser en un véritable changement de sexe (v. par ex. Civ. 1re, 16 déc. 1975, n° 73-10.615 ; Civ. 1re, 21 mai 1990, n° 88-12.829). L'évolution de la jurisprudence française en 1992 (Cass., ass. plén., 11 déc. 1992, n° 91-11.900 et 91-12.373) s'est réalisée sous l'impulsion de la jurisprudence européenne (CEDH 25 mars 1992, n° 13343/87, *Botella c/ France*). La Cour européenne des droits de l'homme (CEDH) a en effet ébranlé le principe de l'indisponibilité de l'état en condamnant la France qui refusait d'admettre de changement de sexe et la rectification d'état civil d'un transsexuel. À la suite de cette condamnation, la Cour de cassation a modifié sa jurisprudence en permettant au transsexuel d'obtenir le changement de la mention du sexe sur son acte de naissance, sous réserve de remplir trois conditions à savoir qu'il fallait présenter un syndrome de transsexualisme médicalement constaté, avoir subi un traitement médico-chirurgical faisant perdre certains caractères du sexe d'origine, avoir pris l'apparence physique et le comportement social de l'autre sexe. Si la modification de sexe devenait possible à la demande de la personne transsexuelle, les conditions posées à l'origine en sus de cette volonté individuelle exprimée apparaissaient contraignantes. Notamment, les traitements médico-chirurgicaux exigés, désignés comme des opérations de réassignation sexuelle, conduisaient à la stérilité du transsexuel. La Cour de cassation a progressivement fait évoluer sa jurisprudence (Civ. 1re, 7 juin 2012, n° 10-26.947 et 11-22.490 ; Civ. 1re, 13 févr. 2013, n° 11-14.515) en considérant que le changement de la mention du sexe à l'état civil devait être possible à condition que le demandeur démontre la réalité du syndrome transsexuel et le caractère irréversible de la transformation de son apparence. Cette évolution de la position jurisprudentielle s'inscrivait en cohérence avec une circulaire du ministère de la Justice qui, dès 2010 (Circ. DACS CIV 07/10 du 14 mai 2010, NOR : JUS1012994C), avait recommandé un assouplissement de la condition de réassignation sexuelle et un accompagnement des demandes de changement de l'état civil « dès lors que les traitements hormonaux ayant pour effet une transformation physique ou physiologique définitive, associés, le cas échéant, à des opérations de chirurgie plastique [...] ont entraîné un changement de sexe irréversible, sans exiger pour autant l'ablation des organes génitaux ».

Depuis 2012, la volonté de la personne transsexuelle est écoutée, sa demande trouve plus facilement d'écho et les conditions d'admission de la requête en changement de sexe se sont même assouplies progressivement, en dernier lieu avec la loi du 18 novembre 2016 (C. civ., art. 61-5 s.). Ce changement de sexe à l'état civil s'accompagne le plus souvent d'un changement de prénom dès lors que l'« intérêt légitime » de l'article 60 du Code civil est caractérisé. S'agissant des personnes intersexuelles, l'évolution est beaucoup plus poussive, notre droit privilégiant un certain immobilisme.

B – Intersexualisme et volonté des parents de la personne concernée

Il s'agit ici d'aborder la situation des personnes intersexuées, c'est-à-dire des personnes pour lesquelles il est impossible de définir médicalement un sexe féminin ou masculin soit du fait d'un appareil génital atrophié, soit du fait de la présence de deux appareils génitaux masculin et féminin, voire en raison d'un caryotype féminin XX en contradiction avec une physionomie/un appareil génital de type masculin, etc.

La difficulté vient de ce que la détermination du sexe est imposée puisque le sexe juridique doit être déclaré à l'officier d'état civil dans les 5 jours de la naissance, voire 8 dans quelques circonstances particulières (C. civ., art. 55). Les parents doivent donc choisir et choisir vite mais leur choix est limité à l'alternative homme/femme. Si le Code civil est silencieux en la matière, la circulaire du 10 janvier 2000 indique que « le sexe qui est mentionné sur l'acte de naissance (C. civ., art. 57) doit être indiqué par la lettre M (masculin) ou F (féminin) » sur la carte d'identité (Circ. du 10 janv. 2000 relative à l'établissement et à la délivrance des cartes nationales d'identité/NOR : INTD0000001C).

Le mineur n'est pas en mesure d'être associé au choix précoce imposé par le droit, choix qui s'effectue sans grand recul sur la base du seul éclairage d'un médecin à un instant « t ». Ce choix est pourtant lourd de conséquences dès lors que s'en suivront fréquemment des démarches médicales de mise en conformité au sexe choisi c'est-à-dire de réassignation.

La circulaire du 28 octobre 2011 relative aux règles particulières à divers actes de l'état civil relatifs à la naissance et à la filiation (Circ. 28 oct. 2011, NOR : JUSC1119808C) préconise en son article 55 d'éviter, lorsque le sexe de l'enfant est incertain, la mention de « sexe indéterminé ». Il est conseillé aux parents de déclarer « le sexe qui apparaît le plus probable au médecin » quitte à le modifier ensuite par le biais d'une modification de l'acte de l'état civil en cas de détermination de l'enfant dans le sexe opposé.

Une possibilité très encadrée de différer le choix existe. En effet, la même circulaire de 2011 poursuit en précisant que si, « dans des cas exceptionnels, le médecin estime ne pouvoir immédiatement donner aucune indication sur le sexe probable d'un nouveau-né, mais si ce sexe peut être déterminé définitivement, dans un délai d'un ou deux ans, à la suite de traitements appropriés, il pourrait être admis, avec l'accord du procureur de la République, qu'aucune mention sur le sexe de l'enfant ne soit initialement inscrite sur l'acte de naissance. Dans une telle hypothèse, il convient de prendre toutes les mesures utiles pour que, par la suite, l'acte de naissance puisse être effectivement complété par décision judiciaire ». Le choix du sexe de l'enfant doit donc être fait à sa naissance ou juste après par les parents de ce dernier.

Il apparaît alors, au terme de cette première partie, que la place réservée à la liberté individuelle, si elle est allée en augmentant, demeure limitée car les choix sont encadrés. Nous allons voir à présent, en abordant les freins à la liberté individuelle, que celle-ci n'est finalement qu'une façade. En matière de sexe, choisit-on seulement ?

II/ Les freins à la liberté individuelle s'agissant de la détermination du sexe

Au-delà de la volonté de l'intéressé qui se traduit par la demande qu'il présente, le changement de sexe a toujours été conditionné, subordonné au fait d'apporter des preuves qui certes se sont allégées mais qui peuvent freiner la liberté individuelle et qui surtout laissent apparaître que le choix du transsexuel n'est pas un véritable choix mais s'impose à lui (A). Par ailleurs, la volonté individuelle des parents est – nous le verrons – également contrainte s'agissant de l'intersexualité, prisonnière d'une approche binaire du sexe des individus. Cette dernière situation ne manque pas d'interroger et de susciter des propositions de réforme (B).

A – L'exigence de preuve de l'identité transgenre ou le choix dicté par la nature

En matière de transsexualisme, les exigences accompagnant les requêtes de changement de sexe ont été allégées progressivement mais il subsiste des conditions qu'il convient d'analyser un peu plus en amont.

L'exigence du « diagnostic de transsexualisme » et des traitements médico-chirurgicaux initialement posée par la Haute cour a progressivement cédé la place à la preuve de la réalité du syndrome de transsexualisme et du caractère irréversible du processus de changement de sexe, conditions moins contraignantes.

La CEDH a condamné la France parce qu'elle imposait le plus souvent une opération stérilisante obligatoire comme préalable au changement d'identité sexuelle à l'état civil ce qui constituait une violation du droit au respect à l'intégrité physique et à la vie privée de la personne concernée (CEDH 6 avr. 2017, A.P., *G. et N. c/ France*, req. n° 79885/12). La Cour souligne cependant qu'un diagnostic préalable à propos de la réalité du syndrome ne porte pas atteinte à la dignité des personnes transgenres.

La loi du 18 novembre 2016 complétée par le décret du 29 mars 2017 a finalement modifié l'état du droit français sur la question (C. civ., art. 61-5). Désormais, la loi impose au requérant de rapporter « la preuve de l'identité transgenre ». Cette procédure, est menée devant l'ex-TGI, actuel tribunal judiciaire (C. civ., art. 1055-7). La loi précise les principaux faits qui contribuent à établir cette réalité de l'identité transgenre : une présentation publique comme appartenant au sexe revendiqué ; une présentation sous le sexe revendiqué auprès de son entourage familial, amical ou professionnel ; un changement de son prénom afin qu'il corresponde au sexe revendiqué. L'apport majeur de la réforme est la suppression de toute condition liée à une intervention chirurgicale. Dès lors, on peut envisager qu'une personne transsexuelle obtienne le changement de son sexe juridique tout en conservant son sexe chromosomique, les organes sexuels et reproducteurs de son sexe de naissance.

Depuis cette réforme, le processus de changement de sexe à l'état civil a été simplifié. Il demeure judiciaire mais a été démédicalisé. Le sexe juridique traduit le sexe vécu par l'intéressé, son sexe sociologique. Concrètement, la personne doit prouver qu'elle vit et est reconnue dans une « identité de genre » différente de celle de sa naissance. À bien y réfléchir cependant, cette exigence témoigne de ce que l'identité transgenre s'impose à l'intéressé plus qu'il ne la choisit ! Le rôle de la volonté individuelle n'est donc que marginal même si l'expression de cette volonté de changement de sexe est décisive.

B – La binarité du système français en question

L'approche française du sexe est prisonnière d'un raisonnement binaire. La volonté des intéressés de pouvoir faire coïncider leur sexe avec la nature se heurte à cette approche binaire. La question des options ouvertes aux parents en matière d'intersexualisme et de leur liberté a été soumise aux juges. Après une approche originale de juges du premier ressort qui avaient constaté une impossibilité de rattacher le demandeur à l'une des deux catégories existantes homme/femme (TGI Tours, 20 août 2015), la cour d'appel saisie dans cette même affaire est revenue à une solution plus prévisible (CA Orléans, 22 mars 2016, n° 7799-99). Les juges admettent que le principe du respect dû à la vie privée doit conduire à admettre des exceptions au principe de l'indisponibilité de l'état des personnes (ce qui est le cas pour les personnes intersexuelles dès lors qu'on permet de différer provisoirement la mention du sexe à l'état civil ainsi que le changement de sexe). Mais la cour d'appel relève également qu'en l'espèce, le sexe assigné au demandeur correspond à son apparence physique et à son comportement social. Par ailleurs, la cour souligne qu'en l'état des dispositions législatives et réglementaires en vigueur, il n'est pas possible d'indiquer sur les actes de l'état civil, à titre définitif, une mention autre que celle de sexe masculin ou féminin. La Haute cour s'est prononcée dans cette affaire, confirmant l'approche de la cour d'appel (Civ. 1re, 4 mai 2017, n° 16-17.189). Elle affirme en effet qu'en l'état du droit positif, aucun texte ne prévoit l'existence d'une troisième catégorie de sexe dont la consécration relève effectivement du pouvoir législatif. La Cour de cassation considère que la dualité des sexes « est nécessaire à l'organisation sociale et juridique, dont elle constitue un élément fondateur ; que la reconnaissance par le juge d'un « sexe neutre » aurait des répercussions profondes sur les règles du droit français construites à partir de la binarité des sexes et impliquerait de nombreuses modifications législatives de coordination ». La position de la Haute Cour peut prêter à discussions. Les particularités juridiques liées au sexe ne nous semblent pas/plus si nombreuses dans notre droit.

L'absence d'une énumération limitative des sexes traditionnels notamment à l'article 57 du Code civil « ne saurait ouvrir la voie à un troisième sexe » si on en croit notamment la circulaire du Ministère de l'Intérieur du 10 janvier 2000 relative à la délivrance des cartes nationales d'identité (préc.). Il peut sembler délicat que la plupart des précisions importantes concernant l'intersexualisme soient portées par des circulaires dont la valeur normative au-delà des prévisions législatives ou réglementaires est contestée et contestable ou par la jurisprudence sur la base desdites circulaires. De nombreux auteurs et des autorités diverses ont pu se pencher sur la nécessaire évolution de notre droit.

L'évolution pourrait venir du législateur français qui est pleinement compétent pour ce saisir de cette question sociale importante relevant de l'état des personnes en vertu de l'article 34 de la Constitution de 1958. D'autres législations ont d'ores et déjà franchi le pas comme, par exemple, l'Allemagne ou les Pays-Bas qui délivrent des actes de naissance sans mention du sexe si celui-ci ne peut pas être déterminé. Notre droit français a déjà évolué et évoluera encore sur ces questions de sexe des individus. Même si le processus peut paraître long à l'échelle individuelle, on observe que notre droit s'interroge, consulte (v. par ex. Avis du Défenseur des droits du 20 févr. 2017 sur les droits des personnes intersexes). On relèvera le rôle de la doctrine dans le processus de maturation des réformes en général et de cette réforme en particulier (v. *Colloque mission droit et justice à la Cour de cassation : L'état civil à l'épreuve de la transidentité et de l'intersexuation*, avr. 2021 ; v. également le Rapport dirigé par le Pr F. Vialla, *De l'assignation à la réassignation du sexe à l'état civil. Étude de l'opportunité d'une réforme*, 2017). On constate cependant qu'une résistance à l'évolution de notre droit existe : différentes tentatives de réforme législative n'ont pas encore abouti (Rejet par l'AN d'un amendement présenté en août 2020 visant à proscrire les mutilations sexuelles sur les personnes intersexe ; amendement déposé en février 2021 à la faveur de la discussion sur le projet de loi confortant les principes républicains finalement supprimé devant l'Assemblée nationale).

L'impulsion viendra peut-être « d'ailleurs » (en référence à l'expression du Doyen Carbonnier qui évoquait les « Droits venus d'ailleurs »). La position du Conseil de l'Europe est très claire sur la question : il appelle « à instaurer des procédures rapides, transparentes et accessibles, fondées sur l'autodétermination… » (Résolution 2048 [2015]) et encourage à « promouvoir les droits humains et éliminer les discriminations à l'égard des personnes intersexes » (Résolution 2191 [2017]). Celle du Parlement européen l'est également : en témoigne la résolution du 8 février 2019 à la faveur de laquelle le Parlement européen appelle les États membres de l'Union européenne à proposer des législations pour interdire la chirurgie et les traitements de normalisation du sexe. Il encourage lui aussi « une reconnaissance légale du genre sur base de l'auto-détermination ». Deux requêtes actuellement pendantes devant la CÈDE pourraient faire avancer l'état du droit : on songe ici à l'affaire *Y. c/ France* (n° 76888/17, requête communiquée au gouvernement le 8 juillet 2020) affaire tranchée par la Cour de cassation en mai 2017 mais également à l'affaire *M. c/ France* (n° 42821/18, requête communiquée au gouvernement le 22 sept. 2020). On se souviendra que, par le passé, à propos du transsexualisme, la Cour européenne a pu considérer que le sexe de l'individu était indisponible comme participant d'un état civil figé et d'ordre public mais relevait de la vie privée de l'intéressé protégée notamment par l'article 8 de la Convention (v. par ex. CEDH *Y. c/ Turquie*, 10 mars 2015).

Parmi les pistes d'évolution envisagées, certaines sont plus radicales que d'autres. On pourrait par exemple faire disparaître la mention du sexe dans l'acte de naissance. Le sexe ne serait plus un sexe juridique, un élément d'identification public mais relèverait pleinement de la vie privée de l'intéressé (idée qu'on retrouve sous la plume de divers auteurs). Plus modestement, on pourrait *a minima* songer à accepter la mention « intersexe » à l'état civil. Il est également possible de différer à la puberté ou à la majorité le choix. On peut en effet s'interroger sur la nécessité d'une assignation précoce du sexe. Ce temps écoulé offrirait un meilleur éclairage. Par ailleurs cela permettrait de laisser le principal intéressé faire ce « choix » pour lui-même. En l'état actuel de notre droit, l'enfant n'a aucun rôle dans la prise de décision. L'enjeu de la réforme à construire sera notamment celui du passage de l'indisponibilité à l'autodétermination, c'est-à-dire à ce droit de l'individu de disposer pour lui-même. Ne perdons pas de vue cependant que cette autodétermination ne sera finalement qu'assez peu l'expression d'un choix réel de l'individu mais plutôt la prise en compte de son vécu.

Les personnes

Thème principal

Incapacité et actes de l'état civil

Mots-clés

Curatelle, Vie privée, Droit à l'image, Personnalité juridique, Respect dû au cadavre, Changement de prénom et de sexe, Choix des noms et prénoms, Émancipation

Sujet donné et corrigé établi par

Isabelle Corpart, Maître de conférences, Université de Haute Alsace

Premier semestre 2020-2021

› *Cas pratique*

M. Jéricho Widh a eu une semaine riche en nouvelles ! Sachant que vous êtes étudiant en droit, il vous fait part des nombreux problèmes qu'il a rencontrés. Après avoir pris connaissance des faits ci-dessous, vous voudrez bien l'éclairer ainsi que ses proches sur leurs droits.

Il gère une maison de retraite à Wuhanberg, rue de la petite Couronne et, le 20 décembre dernier, M. Jacquot Diard lui a demandé l'autorisation de tourner un documentaire dans son établissement pour expliquer le fonctionnement de la structure et les difficultés que rencontrent les résidents et leurs familles, notamment en raison de la restriction des visites liées à la pandémie Covid.

Monsieur Diard lui avait garanti que le documentaire ne serait projeté qu'en milieu médico-social ou associatif. Il avait aussi pris un engagement vis-à-vis de Madame Vanessa Nithaire, placée sous curatelle. Cette dernière avait accepté de témoigner réclamant que son anonymat soit gardé et que son visage ne soit pas dévoilé lors de la diffusion, en particulier pour les passages filmés dans sa chambre.

Or, de source sûre, Monsieur Widh et Madame Nithaire ont appris aujourd'hui que le documentaire va être diffusé prochainement sur Arte sans respecter l'anonymat de la résidente et sans couper au montage des enregistrements au cours desquels elle avait parlé de ses relations amoureuses dans l'établissement.

Que peuvent-ils faire concernant ce reportage ?

Madame Nithaire en profite pour vous poser une question. Elle aimerait savoir si elle a le droit de se marier dans l'hypothèse où son voisin de chambre, Jean Suiffou, se déciderait à faire sa demande.

Monsieur Jéricho Widh traverse une autre difficulté car son fils Marco veut être émancipé. Il a un peu plus de 16 ans et, ayant de très mauvais résultats scolaires, il aimerait quitter l'école pour entrer dans l'armée. Il a annoncé à son père qu'il allait effectuer des démarches afin d'obtenir son émancipation. Merci de rassurer Monsieur Jéricho Widh.

Cette semaine, Jéricho Widh a encore été bien secoué car sa sœur Sylvie Russ vient de perdre son conjoint Lévi Russ. Malgré la pandémie, antiquaire, il n'avait pas arrêté de chiner pour trouver des objets insolites et précieux. Il est malheureusement tombé malade et n'a pas survécu à la Covid.

Jéricho s'inquiète du projet de sa sœur qui envisage de faire incinérer son époux puis de transformer les cendres en diamants comme en Suisse. Il aimerait également pouvoir la rassurer car elle s'inquiète de savoir si l'enfant dont elle va accoucher sous peu héritera de son père. Elle voudrait surtout être certaine que son enfant pourra s'appeler Covid Davy Russ.

Jéricho, totalement anéanti par tous ces problèmes, est aujourd'hui gêné par son prénom qui fait trop penser au terrible virus qui décime la France. Il vous demande s'il est possible qu'il prenne le prénom de son cousin Germain Widh, prénom qui lui rappelle des souvenirs de leurs jeux enfantins.

Enfin, il aimerait aider une de ses jeunes collaboratrices, Mélodie Fassol. Très déprimée par la situation du moment et la détresse des résidents de la maison de retraite privés de visite, elle lui a fait des confidences liées à son état civil ces jours-ci. Elle lui a confié qu'en fait elle s'appelle Rémi mais, que depuis son plus jeune âge, elle s'est toujours considérée comme une femme, se faisant appeler Mélodie par son entourage. Elle voudrait à présent régulariser sa situation afin que la mention du sexe masculin soit supprimée de son acte de naissance. Toutefois, elle se refuse à subir des interventions chirurgicales et craint que cela compromette sa demande de changement de sexe. Jéricho Widh aimerait pouvoir la guider et la rassurer afin qu'elle puisse accomplir pleinement sa mission dans la maison de retraite.

› *Préparation*

Analyse du sujet

Il est demandé aux étudiants de lire attentivement l'énoncé pour repérer tous les problèmes juridiques. Les questions posées les obligent à parcourir l'ensemble du cours de droit des personnes pour pouvoir donner des conseils argumentés. Ils doivent pointer les règles de droit applicables, bien développer les conditions et vérifier si elles collent aux faits, puis présenter leurs réponses de manière structurée.

Indications de correction

Après avoir rappelé les faits et surtout posé les problèmes juridiques, il convient d'aider Jéricho Widh qui rencontre des difficultés, tant dans sa vie professionnelle (I) que familiale (II).

Plan du corrigé

I/ Les problèmes de M. Widh liés à sa vie professionnelle
 A – Les problèmes juridiques relatifs à une résidente, Mme Nithaire
 B – Les problèmes juridiques relatifs à une employée, Mme Fassol

II/ Les problèmes de M. Widh liés à sa vie personnelle et familiale
 A – Les problèmes juridiques visant directement M. Widh
 B – Les problèmes juridiques rencontrés par la sœur de M. Widh

› *Corrigé*

I/ Les problèmes de M. Widh liés à sa vie professionnelle

M. Widh a autorisé un cinéaste à filmer les résidents de sa maison de retraite mais le documentaire ne respecte pas le cadre qui avait été prévu pour la diffusion, portant ainsi atteinte à la vie privée et à l'image d'une résidente. Une autre question vise une employée de M. Widh qui voudrait savoir si elle peut obtenir un changement de sexe et de prénom.

A – Les problèmes juridiques relatifs à une résidente, Mme Nithaire

1 • Curatelle et atteinte à la vie privée et à l'image

Le fait de vivre en EHPAD ne supprime pas le droit à la protection de la vie privée et de l'image (C. civ., art. 9 et Conv. EDH, art. 8) et toute personne a droit à l'intimité dans sa chambre. La vie privée inclut la protection de l'image, la vie sentimentale, l'état de santé et l'intimité. Par conséquent, M. Jacquot Diard devait s'assurer du plein consentement des personnes filmées. En l'espèce, l'une des résidentes filmées est sous curatelle et doit être assistée pour certains actes juridiques. Toutefois, elle pouvait prendre seule les décisions relatives à sa personne (C. civ., art. 458 et 459) étant saine d'esprit (non encore sous tutelle).

M. Widh et Mme Nithaire ont bien consenti à être filmés alors qu'ils s'exprimaient devant la caméra et il n'y a pas d'atteinte à leur vie privée ou à leur image sur ce point. En revanche, ils n'ont pas autorisé une libre diffusion. Le contrat stipulait des conditions spécifiques de tournage et de diffusion qui n'ont pas été respectées, aussi une atteinte aux droits de la personnalité est bien réalisée. En l'espèce, Mme Nithaire n'a pas consenti à ce que les révélations relatives à ses relations amoureuses soient diffusées, pas davantage que les images la montrant dans sa chambre, à savoir dans son domicile, ce qui entraîne une atteinte à sa vie privée et à son image.

Comme le documentaire n'est pas encore passé à la télévision, il est possible que le directeur de la maison de retraite et la résidente assistée par son curateur demandent au juge d'interdire sa diffusion, des sanctions préventives pouvant être prises (C. civ., art. 9, al. 2). Il est possible de demander aussi la suppression des passages du reportage ne respectant pas son anonymat.

En outre, notamment si le documentaire est diffusé en l'état, une demande de dommages et intérêts pourra aboutir pour atteinte à la fois à la vie privée et au droit à l'image (C. civ., art. 9).

2 • Accès au mariage pour une personne sous curatelle

Il convient de rassurer en l'espèce Mme Nithaire quant à un éventuel mariage. Même si du fait de la curatelle, un régime d'assistance est mis en place, le curateur n'a pas à intervenir dans le projet matrimonial depuis la loi du 23 mars 2019. En effet, avant la loi, le mariage de la personne en curatelle nécessitait une autorisation préalable du curateur ou à défaut du juge mais, à présent, le législateur donne une plus grande autonomie au majeur protégé. Il est seulement prévu par l'article 460 que le curateur doit être informé du projet. Ce dernier pourrait alors seulement former opposition au mariage (C. civ., art. 175). Si elle est bien saine d'esprit, elle pourra donc se marier librement.

B – Les problèmes juridiques relatifs à une employée, Mme Fassol

1 • Possibilité de changer de sexe sans intervention chirurgicale

Il est possible de changer de sexe à l'état civil, la loi du 18 novembre 2016 encadrant cette modification (C. civ., art. 61-5 et s.). Diverses conditions sont listées par ce texte mais il est expressément prévu que le fait de ne pas avoir subi d'opérations chirurgicales ne peut pas motiver le refus de faire droit à la demande (C. civ., art. 61-6, al. 3). Il convient donc de rassurer M. ou Mme Fassol sur ce point. Si les conditions sont réunies, il pourra obtenir à la fois un changement de sexe et de prénom.

2 • Démarches à accomplir

Pour que Rémi puisse modifier la mention de son sexe dans son acte de naissance, il doit introduire une demande devant le tribunal judiciaire (C. civ., art. 61-6) en rapportant la preuve que la mention relative à son sexe dans les actes de l'état civil ne correspond pas au sexe sous lequel il se présente et sous lequel il est connu (C. civ., art. 61-5). Au vu des faits, il peut démontrer qu'il se présente publiquement sous un sexe féminin depuis longtemps, connu ainsi par son entourage amical et professionnel. Il n'est pas indispensable qu'il commence par faire changer son prénom (C. civ., art. 60). Le changement de sexe devrait aboutir parce que l'entourage est effectivement familiarisé avec le prénom Mélodie, l'intéressé ayant aussi parfaitement l'apparence d'une femme, son employeur n'ayant jamais douté de rien.

On peut penser que la mention du sexe sera effectivement changée dans l'acte de naissance, ce qui conduira aussi à ce que le prénom Rémi soit remplacé par Mélodie.

II/ Les problèmes de M. Widh liés à sa vie personnelle et familiale

Pour aider Jéricho Widh, il faut encore répondre à plusieurs interrogations qui le visent directement car son prénom le gêne et car son fils aimerait arrêter ses études malgré son opposition. Il aimerait aussi venir en aide à sa sœur Sylvie Russ, veuve et enceinte.

A – Les problèmes juridiques visant directement M. Widh

1 • Possibilité de modifier le prénom Jéricho

Normalement tous les éléments contenus dans l'état civil sont immuables, si bien que l'on ne peut pas changer de nom ou de prénom. Des exceptions sont toutefois envisageables. Il faudrait déjà vérifier si le prénom de son cousin ne lui a pas déjà été attribué à la naissance parmi d'autres car il pourrait prendre comme prénom usuel n'importe quel prénom (C. civ., art. 57, al. 2).

Si cette piste n'est pas exploitable, on peut lui conseiller de faire une demande à l'officier d'état civil de son lieu de naissance ou de résidence (C. civ., art. 60). Il suffit de pouvoir justifier d'un motif légitime. Si Jéricho est un prénom qui, en soi, ne pose pas de problème, le fait de s'appeler Jéri… co… vid pendant l'épidémie peut justifier que l'officier d'état civil le modifie. Reste à savoir s'il acceptera que ce soit le prénom Germain qui soit utilisé car il est vrai que cela pourrait créer une confusion entre les cousins. Néanmoins, il arrive souvent que des membres d'une même famille portent les mêmes prénoms et rien ne permet de penser que l'officier d'état civil sera interpellé par la similitude d'identités.

2 • Émancipation de son fils mineur

Marco, âgé de 16 ans, aimerait obtenir son émancipation pour ne plus être sous l'autorité de ses parents et pouvoir arrêter l'école et entrer dans l'armée. À partir de ses 16 ans, un mineur pourrait être émancipé (C. civ., art. 413-2) mais encore faudrait-il que le juge considère qu'il y a de justes motifs pour perdre la protection offerte aux mineurs ; or il n'est pas indispensable d'être émancipé pour arrêter l'école et devenir militaire.

Surtout un mineur ne peut pas s'adresser lui-même au juge en vue d'être émancipé. L'émancipation ne peut en effet être prononcée qu'à la demande des parents ou de l'un d'eux (al. 2). M. Widh n'a pas donc pas à s'inquiéter, sauf si la mère de l'enfant entame la démarche. Toutefois, même en ce cas, le juge convoquera Jéricho pour connaître ses arguments (al. 3) et il serait douteux que le juge estime l'émancipation de Marco pertinente.

B – Les problèmes juridiques rencontrés par la sœur de M. Widh

La sœur de Jéricho Widh vient de perdre son mari alors qu'elle est enceinte ce qui soulève différentes interrogations quant aux funérailles et au statut juridique de l'enfant à naître.

1 • Concernant le corps de son défunt époux

À la demande de Sylvie, il faut se demander si la crémation du corps de son époux défunt est envisageable et si les cendres pourraient être transformées en diamants. À défaut de dernières volontés exprimées par la personne décédée, la personne qualifiée pour organiser les funérailles prend seule toute décision en la matière et l'épouse peut parfaitement faire le choix de faire incinérer le cadavre. Néanmoins il est impossible de transformer les cendres en diamants car le respect dû au corps ne cesse pas avec la mort (C. civ., art. 16-1-1), les restes des personnes décédées devant être traités avec « respect, dignité et décence ». Dès lors le projet de Sylvie ne peut absolument pas aboutir d'autant qu'il est interdit de s'approprier les cendres, sous quelque forme que ce soit.

2 • Concernant l'enfant à naître

Deux problèmes juridiques concernent l'enfant dont Mme Russ est enceinte et il faut déterminer le début de la personnalité juridique pour apprécier la possibilité pour l'enfant d'hériter du défunt, puis conseiller Sylvie quant à l'identification du nouveau-né.

Pour déterminer les personnes venant à la succession de Lévi Russ, on tient compte des héritiers en vie, ce qui devrait exclure l'enfant à naître. Toutefois si, en principe la personnalité juridique débute à la naissance, on peut la faire remonter à la conception, s'il y va de l'intérêt de l'enfant, ce qui est le cas pour qu'il hérite (sa filiation étant établie grâce à la présomption de paternité).

Normalement, la personnalité juridique ne s'acquiert qu'à la naissance de l'enfant (C. civ., art. 55), cependant, grâce à l'adage *infans conceptus pro nato habetur*, elle peut démarrer dès la conception. Dès lors, l'enfant seulement conçu (ce qui est le cas ici, C. civ., art. 311) peut également hériter (C. civ., art. 725) mais il faut attendre qu'il naisse vivant et viable.

Il convient encore d'informer la future mère quant au choix des prénoms et nom. S'agissant du choix du nom de famille, en raison du décès du père de l'enfant, il est impossible de faire une déclaration conjointe qui aurait ouvert aux parents un quadruple choix (C. civ., art. 311-21). Toutefois, ce texte prévoit, qu'en l'absence de déclaration conjointe, lorsque la filiation est établie simultanément à l'égard du père et de la mère, ce qui est le cas pour un enfant issu d'un mariage, il prend le nom de son père. Sylvie Russ peut donc être rassurée sur ce point.

En revanche pour le prénom, le choix de Sylvie est contestable. S'il est vrai que l'officier d'état civil va devoir inscrire Covid et Davy dans l'acte de naissance puisque la mère peut choisir les prénoms, aucun contrôle *a priori* n'étant prévu (C. civ., art. 57, loi du 8 janv. 1993), l'officier d'état civil peut effectuer un contrôle *a posteriori*. Précisément, Covid n'étant pas un prénom, il va saisir le procureur de la République, lequel demandera sa suppression au juge aux affaires familiales dans la mesure où ce choix est contraire à l'intérêt de l'enfant (C. civ., art. 57, al. 3). Il serait inadmissible qu'il porte un prénom qui renvoie à la cause de la mort de son père. Cet enfant pourrait s'appeler Davy Russ car ce prénom, même étranger, peut être porté en France, néanmoins là encore on pourrait se demander si ce n'est maladroit car cela renvoie au virus (Da… vy… Russ). Le juge va sans doute demander à la mère de faire des choix plus appropriés et si elle n'y consent pas, il attribuera d'autres prénoms au nouveau-né en procédant à la suppression de Covid et Davy dans l'acte de naissance.

Les personnes

Thème principal

Les personnes et la famille

Mots-clés

Personne vulnérable, Régime de protection, Mariage, Filiation paternelle, Reconnaissance

› *Cas pratique*

Connaissant vos talents de juriste, Tristan, âgé de 35 ans, vous rend visite ce jour. Il commence par vous dire combien il est heureux de vous parler. En effet, il a fait, il y a six mois, un AVC (accident vasculaire cérébral), qui a nécessité plusieurs semaines de rééducation intense. Il estime avoir aujourd'hui récupéré même s'il reconnaît subir, de temps à autre, quelques petites pertes de mémoire. Celles-ci ne l'empêchent néanmoins pas de vouloir aller de l'avant. En effet, il veut à présent se marier avec celle dont il est amoureux depuis quatre ans, Yseult, laquelle l'a d'ailleurs beaucoup aidé pendant sa convalescence. Sa volonté a été renforcée le mois dernier lorsqu'il a appris la grossesse de sa compagne. Il est fou de joie à l'idée d'avoir un bébé à la fin de l'année et a d'ailleurs décidé d'aller le reconnaître samedi prochain.

Cependant, la mère de Tristan ne l'entend pas de cette oreille. Elle considère que son fils a besoin, depuis son AVC, d'être assisté dans les actes de la vie civile – idéalement par elle d'ailleurs – et lui a dit qu'elle allait déposer une demande en ce sens auprès du juge. Elle estime aussi qu'il n'est pas, en raison de ses capacités mentales diminuées, en mesure de se marier et que de toutes façons Yseult n'est pas la femme qu'il lui faut. Enfin, elle argue que son fils ne peut reconnaître son bébé avant sa naissance, surtout dans son état actuel.

Sujet donné et corrigé établi par

Clara Bernard-Xemard, Maître de conférences (HDR), Université Paris Saclay

Second semestre 2020-2021

Que pensez-vous des trois positions défendues par la mère de Tristan ?

Il vous est demandé de résoudre le cas pratique ci-dessus en veillant au respect de la méthodologie et en soignant l'orthographe, le style et la ponctuation.

› Préparation

Analyse du sujet
En raison de la crise sanitaire liée à l'épidémie du Covid-19, le sujet a été réalisé en distantiel par les étudiants inscrits en contrôle terminal. Il n'était pas particulièrement difficile mais impliquait de pouvoir traiter en un laps de temps court (1 h) trois questions ayant pour objet tant le droit des personnes (question 1) que le droit de la famille (questions 2 et 3). Aussi, pour être réussie, l'épreuve impliquait que l'étudiant ait une bonne connaissance et une bonne compréhension des matières d'une part et d'autre part qu'il maîtrise la méthodologie du cas pratique. À ce titre, un raisonnement en trois étapes – comprenant classiquement majeure, mineure puis conclusion – était attendu.

Plan du corrigé
I/ L'assistance de Tristan *(8 points)*
II/ Le futur mariage de Tristan *(8 points)*
III/ La reconnaissance par Tristan de son enfant à naître *(4 points)*

› Corrigé

Ce cas pratique met en scène Tristan qui a fait, il y a six mois, un AVC et a subi plusieurs semaines de rééducation intense pour récupérer. Il a aujourd'hui des projets sur le plan familial, notamment celui de se marier, projets que sa mère entend contrarier. Il est donc nécessaire d'appréhender successivement plus en détail les trois prétentions que développe à ce sujet la mère de Tristan.

I/ L'assistance de Tristan *(8 points)*

Cette femme considère que son fils « a besoin, depuis son AVC, d'être assisté dans les actes de la vie civile – idéalement, par elle d'ailleurs – et lui a dit qu'elle allait déposer une demande en ce sens auprès du juge ».

Le droit français organise effectivement une protection pour les majeurs dits vulnérables, laquelle consiste notamment pour le juge (le juge des contentieux de la protection depuis le 1er janv. 2020) à ouvrir un régime choisi au sein d'une trilogie – tutelle, curatelle, sauvegarde de justice – en fonction de la gravité de l'état de l'intéressé. De manière générale, peut bénéficier d'un régime de protection en vertu de l'article 425 du Code civil, toute personne qui est dans l'impossibilité de pourvoir seule à ses intérêts en raison d'une altération médicalement constatée, soit de ses facultés mentales, soit de ses facultés corporelles de nature à empêcher l'expression de sa volonté. Cette altération doit être médicalement constatée, la loi exigeant à cet égard la production d'un certificat médical circonstancié (C. civ., art. 431, al. 1). Les personnes autorisées à saisir le juge d'une demande d'ouverture de protection sont assez nombreuses. La liste est dressée dans l'article 430 qui vise notamment le « parent » de la personne qu'il y a lieu de protéger. La mesure de protection ouverte par le juge doit être à la fois nécessaire, subsidiaire et proportionnée comme le précise l'article 428 du Code civil. Le juge doit donc, s'il décide d'ouvrir une mesure de protection, choisir le régime le plus adapté au cas de la personne à protéger. La loi précise, à cet égard, que la tutelle est ouverte en présence d'une personne qui doit être représentée de manière continue pour les actes de la vie civile (C. civ., art. 440, al. 3). La curatelle est, elle, mise en œuvre en présence d'un majeur qui, sans être hors d'état d'agir lui-même, a besoin d'être assisté et contrôlé de manière continue pour les actes importants de la vie civile (al. 1 du texte). Enfin, selon l'article 433, al. 1, la sauvegarde de justice s'adresse aux personnes qui ont besoin d'être protégées pour l'accomplissement de certains actes déterminés.

En l'espèce, la mère de Tristan a qualité pour saisir le juge d'une demande d'ouverture d'un régime de protection. La curatelle semble être le régime le plus adapté à ses attentes puisqu'elle souhaite que son fils soit « assisté » dans les actes de la vie civile. Néanmoins, elle devra, à l'appui de sa demande, fournir un certificat médical attestant que son fils subit une altération de ses facultés mentales ou corporelles. Or, ici, à part « quelques petites pertes de mémoire », Tristan semble avoir récupéré de son AVC. Dans ce contexte, l'ouverture d'une mesure de protection par le juge ne semble pas absolument nécessaire et indispensable. C'est lui qui prendra en tout cas la décision en se fondant sur le certificat médical qui lui aura été fourni.

Pour conclure, il n'est pas certain que la demande qu'envisage de former à ce titre la mère de Tristan aboutisse.

II/ Le futur mariage de Tristan *(8 points)*

Tristan veut se marier avec Iseult dont il est amoureux depuis quatre ans. Sa mère s'y oppose en faisant valoir deux arguments : Iseult n'est pas la femme qu'il lui faut et il ne peut se marier en raison de ses facultés mentales diminuées.

Le premier est un argument purement subjectif. Il ne mérite donc pas que l'on s'y attarde. En revanche, le second nécessite quelques développements.

Parmi les différentes conditions de fond imposées par le droit s'agissant de la formation d'un mariage, la plus fondamentale sans doute touche au consentement des époux. Elle est exprimée avec force dans l'article 146 du Code civil qui dispose qu'« il n'y a pas de mariage lorsqu'il n'y a point de consentement ». Ainsi, le consentement que les époux donnent au mariage doit être réel et intègre, c'est-à-dire donné sans vice. La réalité du consentement implique notamment que le consentement des époux au mariage soit donné en toute connaissance de cause, autrement dit que chacun ait pleinement conscience de l'engagement ainsi contracté. Il en résulte que les facultés mentales d'un époux ne doivent pas être altérées au moment de la célébration du mariage. Si tel était le cas, le mariage pourrait être frappé de nullité, étant précisé qu'il s'agit d'un cas de nullité absolue. Dès lors, la nullité du mariage pourrait, dans cette hypothèse, être demandée par toute personne ayant un intérêt à agir et ce, dans les trente ans qui suivent sa célébration (C. civ., art. 184). En revanche, le mariage conclu par une personne dont les facultés mentales sont altérées est valable s'il a été conclu dans un intervalle de lucidité (Civ. 1re, 24 mars 1998).

En l'espèce, la mère de Tristan allègue que son fils ne peut se marier en raison de ses facultés mentales diminuées. Certes, Tristan a épisodiquement quelques troubles de la mémoire, mais son état ne semble pas être suffisamment grave pour faire obstacle à la célébration de son mariage. Si le mariage est célébré, la mère de Tristan pourrait *a posteriori* en solliciter l'annulation en justice mais à la condition de rapporter la preuve que son fils n'était pas lucide et conscient au moment de l'expression de son consentement. Or, cette preuve peut être difficile à rapporter.

Pour conclure, la mère de Tristan ne semble pas disposer d'argument de fond suffisant pour s'opposer à la célébration de son mariage. Elle pourra éventuellement agir après la célébration, pour demander l'annulation de l'union. Mais il est loin d'être évident que son action aboutisse sur le fond, au regard de la preuve à produire.

Point bonus pour les étudiants ayant mentionné que, depuis l'entrée en vigueur de la loi du 23 mars 2019 de programmation 2018-2022 et de réforme pour la justice, les autorisations préalables imposées au mariage des personnes sous tutelle ou curatelle ont été supprimées (ancien art. 460 C. civ.). La nouvelle loi, entrée en vigueur le 25 mars, impose désormais que la personne chargée de la mesure de protection soit préalablement informée du projet de mariage de la personne vulnérable (nouvel art. 460). Dès lors, si Tristan était mis sous tutelle ou sous curatelle avant son mariage (ce qui est néanmoins peu probable comme démontré précédemment), son tuteur ou son curateur devrait alors nécessairement être informé de son projet de mariage.

III/ La reconnaissance par Tristan de son enfant à naître *(4 points)*

Tristan va être papa dans quelques mois puisque sa compagne est enceinte. Il a décidé d'aller reconnaître son bébé samedi prochain. Sa mère fait valoir qu'il ne peut reconnaître son bébé avant sa naissance, surtout dans son état actuel.

En droit, la reconnaissance est un acte juridique unilatéral par lequel une personne avoue que l'enfant qui en est l'objet est le sien (au sens biologique) et s'engage ainsi à assumer les devoirs et responsabilités qui découlent de l'établissement du lien de filiation. Elle peut être souscrite une fois l'enfant né, mais également avant la naissance de celui-ci. Lorsqu'elle est faite prénatalement, la reconnaissance produit effet à partir de la naissance de l'enfant et à la condition que celui-ci naisse vivant et viable. Toute personne peut, en principe, reconnaître son enfant (sauf hypothèses particulières d'un enfant né d'un inceste absolu ou d'un enfant dont le lien de filiation a déjà été établi). Une personne placée sous un régime de protection, comme la tutelle ou la curatelle, n'a besoin, ni d'être autorisée, ni d'être assistée pour reconnaître son enfant. En effet, la reconnaissance est un acte strictement personnel selon l'article 458, al. 2, du Code civil. Elle peut donc être souscrite librement. Néanmoins, si l'auteur de la reconnaissance a ses facultés mentales altérées, l'acte doit, pour être valable, avoir été effectué pendant un intervalle de lucidité.

En l'espèce, la mère de Tristan ne peut faire valoir que la reconnaissance souscrite par son fils ne peut être faite avant la naissance de son fils. Elle ne peut non plus l'empêcher de souscrire un tel acte, même s'il venait à être mis sous tutelle ou sous curatelle. Elle pourrait seulement tenter de faire annuler la reconnaissance souscrite, en démontrant que son fils n'était pas lucide au moment où il l'a faite. Néanmoins, cette preuve est particulièrement difficile à rapporter (encore plus que pour le mariage puisque ce dernier est célébré publiquement). En outre, l'annulation éventuelle de la reconnaissance paternelle ne servirait pas l'intérêt du petit-enfant de la mère de Tristan.

En conclusion, Tristan n'a pas à s'inquiéter à cet égard. Il peut *a priori* reconnaître son enfant comme il en a l'intention.

Les personnes

Thème principal

La preuve

Mots-clés

Personnes physiques,
Incapacités,
Personnes morales

Sujet donné et corrigé établi par

Jean-Denis Pellier, Professeur, Université de Rouen

Premier semestre 2020-2021

› *QCM*

Consignes : répondez au QCM. Il peut arriver que pour une même question, plusieurs propositions soient vraies (1, 2 ou 3).

Notation : chaque question est notée sur 1 point. Il n'y a pas de point négatif. Pour obtenir le point, il faut avoir trouvé toutes les bonnes réponses et seulement celles-ci. Par exemple, si pour une question, les réponses sont a) et c) si vous avez mis a) et b), vous avez 0 point. Si vous avez mis a), b) et c) vous avez 0 point. Si vous avez mis a) vous avez 0 point. Vous aurez un point seulement si vous avez inscrit a) et c).

1. Un animal :

☐ a) a la personnalité juridique
☐ b) est un être vivant doué de sensibilité
☐ c) est soumis au régime des biens

2. La personnalité juridique d'une personne physique :

☐ a) s'acquiert à la naissance de l'enfant à condition que l'enfant soit vivant et viable
☐ b) peut rétroagir à la date de la conception de l'enfant si son intérêt le commande

3. La qualification d'homicide involontaire peut être retenue à l'égard de l'enfant à naître :

☐ a) vrai
☐ b) faux

4. La personnalité juridique d'une personne physique s'éteint :
- ☐ a) à la mort physique
- ☐ b) à la mort civile

5. L'absence peut être déclarée :
- ☐ a) lorsqu'une personne a cessé de paraître au lieu de son domicile ou de sa résidence sans que l'on en ait eu de nouvelles
- ☐ b) lorsqu'une personne a disparue dans des circonstances de nature à mettre sa vie en danger, lorsque son corps n'a pu être retrouvé

6. Le sexe de la personne :
- ☐ a) est nécessairement féminin ou masculin
- ☐ b) peut être neutre

7. La modification de la mention du sexe à l'état civil :
- ☐ a) peut être demandée par toute personne majeure ou mineure émancipée
- ☐ b) nécessite un traitement médico-chirurgical
- ☐ c) nécessite un changement de prénom

8. Le prénom est :
- ☐ a) attribué librement par les parents sous réserve de l'intérêt de l'enfant et des droits des tiers
- ☐ b) doit être choisi dans la liste du calendrier ou parmi les personnages connus dans l'Histoire ancienne

9. Le changement de prénom :
- ☐ a) est autorisé par décret
- ☐ b) est autorisé par le juge
- ☐ c) peut être demandé à l'officier de l'état civil

10. Le changement de nom :
- ☐ a) est autorisé par décret
- ☐ b) est autorisé par le juge
- ☐ c) peut être demandé à l'officier de l'état civil

11. Le domicile nécessite :
- ☐ a) une habitation réelle dans un lieu
- ☐ b) l'intention de s'établir dans ce lieu

12. La compétence territoriale d'un tribunal est en principe déterminée :
- ☐ a) par le domicile du demandeur
- ☐ b) par le domicile du défendeur

13. Le respect dû au corps humain :
- ☐ a) cesse avec la mort
- ☐ b) s'étend au-delà de la mort

14. Il peut être porté atteinte à l'intégrité du corps humain :
- ☐ a) en cas de nécessité médicale pour la personne
- ☐ b) dans l'intérêt thérapeutique d'autrui
- ☐ c) avec le consentement nécessaire de l'intéressé

15. La mise en œuvre du droit au respect de la vie privée obéit aux conditions de la responsabilité civile :
- ☐ a) vrai
- ☐ b) faux

16. Le droit au respect de la vie privée :
- ☐ a) l'emporte sur tout autre droit
- ☐ b) doit être concilié avec certains droits, comme le droit à l'information

17. Le droit à l'image est :
- ☐ a) une composante du droit au respect de la vie privée
- ☐ b) un droit distinct du droit au respect de la vie privée

18. Le propriétaire d'une chose :
- ☐ a) peut s'opposer de manière absolue à l'utilisation de l'image de son bien
- ☐ b) doit prouver l'existence d'un trouble anormal pour s'opposer à l'utilisation de l'image de son bien

19. Un mineur :
☐ a) peut ouvrir seul un compte bancaire
☐ b) peut acheter seul un véhicule automobile
☐ c) est responsable du dommage qu'il cause à autrui
☐ d) peut être commerçant

20. L'émancipation d'un mineur :
☐ a) résulte de son mariage
☐ b) résulte de son Pacs

21. Un majeur sous l'empire d'un trouble mental :
☐ a) peut obtenir l'annulation du contrat conclu alors qu'il était sous l'empire de ce trouble
☐ b) ne peut obtenir l'annulation du contrat conclu alors qu'il était sous l'empire de ce trouble
☐ c) est responsable du dommage qu'il cause à autrui

22. La mesure d'accompagnement judiciaire :
☐ a) entraîne une incapacité
☐ b) n'entraîne pas une incapacité

23. La sauvegarde de justice entraîne :
☐ a) systématiquement une incapacité
☐ b) potentiellement une incapacité

24. Le mariage d'un majeur sous curatelle :
☐ a) doit être autorisé par le curateur
☐ b) doit être autorisé par le juge
☐ c) peut être conclu librement sous la réserve de l'opposition du curateur

25. Le tuteur :
☐ a) assiste le majeur protégé
☐ b) représente le majeur protégé

26. Le mandat de protection future :
☐ a) est une mesure judiciaire de protection des majeurs vulnérables
☐ b) est une mesure contractuelle de protection des majeurs vulnérables
☐ c) peut être conclu pour soi-même ou pour autrui

27. Une personne morale est :
- ☐ a) une réalité
- ☐ b) une fiction organisée par la loi

28. Une société :
- ☐ a) résulte nécessairement d'un contrat
- ☐ b) peut être instituée par l'acte de volonté d'une seule personne
- ☐ c) jouit de la personnalité morale à compter du jour de la signature des statuts
- ☐ d) jouit de la personnalité morale à compter de son immatriculation au registre du commerce et des sociétés

29. Le décès d'un associé :
- ☐ a) entraîne nécessairement la dissolution de la société
- ☐ b) peut entraîner la dissolution de la société si cela est prévu par les statuts

30. Toute association régulièrement déclarée peut librement :
- ☐ a) ester en justice
- ☐ b) acquérir à titre onéreux les immeubles strictement nécessaires à l'accomplissement du but qu'elle se propose
- ☐ c) recevoir des libéralités (donation ou legs)

› *Préparation*

Analyse du sujet

Le choix de ce sujet permet d'évaluer les connaissances des étudiants en droit des personnes. Pour le traiter, les étudiants devaient avoir une bonne compréhension de cette partie du cours.

› *Corrigé*

1 : b et c (un animal est un être vivant doué de sensibilité et se trouve soumis au régime des biens).

2 : a et b (la personnalité juridique s'acquiert à la naissance de l'enfant à condition qu'il soit vivant et viable et elle peut rétroagir à la date de la conception de l'enfant si son intérêt le commande).

3 : b (la qualification d'homicide involontaire ne peut être retenue à l'égard de l'enfant à naître).

4 : a (la personnalité juridique d'une personne physique s'éteint à la mort physique).

5 : a (l'absence peut être déclarée lorsqu'une personne a cessé de paraître au lieu de son domicile ou de sa résidence sans que l'on en ait eu de nouvelles).

6 : a (le sexe de la personne est nécessairement féminin ou masculin).

7 : a (la modification de la mention du sexe à l'état civil peut être demandée par toute personne majeure ou mineure émancipée).

8 : a (le prénom est attribué librement par les parents sous réserve de l'intérêt de l'enfant et des droits des tiers).

9 : c (le changement de prénom peut être demandé à l'officier de l'état civil).

10 : a (le changement de nom est autorisé par décret).

11 : a et b (le domicile nécessite une habitation réelle dans un lieu et l'intention de s'établir dans ce lieu).

12 : b (la compétence territoriale d'un tribunal est en principe déterminée par le domicile du défendeur).

13 : b (le respect dû au corps humain s'étend au-delà de la mort).

14 : a et b (il peut être porté atteinte à l'intégrité du corps humain en cas de nécessité médicale pour la personne et dans l'intérêt thérapeutique d'autrui).

15 : b (la mise en œuvre du droit au respect de la vie privée n'obéit pas aux conditions de la responsabilité civile).

16 : b (le droit au respect de la vie privée doit être concilié avec certains droits, comme le droit à l'information).

17 : b (le droit à l'image est un droit distinct du droit au respect de la vie privée).

18 : b (le propriétaire d'une chose doit prouver l'existence d'un trouble anormal pour s'opposer à l'utilisation de l'image de son bien).

19 : c et d (un mineur est responsable du dommage qu'il cause à autrui et peut être commerçant).

20 : a (l'émancipation d'un mineur résulte de son mariage).

21 : a et c (un majeur sous l'empire d'un trouble mental peut obtenir l'annulation du contrat conclu alors qu'il était sous l'empire de ce trouble et est responsable du dommage qu'il cause à autrui).

22 : b (la mesure d'accompagnement judiciaire n'entraîne pas une incapacité).

23 : b (la sauvegarde de justice entraîne potentiellement une incapacité).

24 : c (le mariage d'un majeur sous curatelle peut être conclu librement sous la réserve de l'opposition du curateur).

25 : b (le tuteur représente le majeur protégé).

26 : b et c (le mandat de protection future est une mesure contractuelle de protection des majeurs vulnérables et peut être conclu pour soi-même ou pour autrui).

27 : a (une personne morale est une réalité).

28 : b et d (une société peut être instituée par l'acte de volonté d'une seule personne et jouit de la personnalité morale à compter de son immatriculation au registre du commerce et des sociétés).

29 : b (le décès d'un associé peut entraîner la dissolution de la société si cela est prévu par les statuts).

30 : a et b (toute association régulièrement déclarée peut librement ester en justice et acquérir à titre onéreux les immeubles strictement nécessaires à l'accomplissement du but qu'elle se propose).

La famille

› *Cas pratique*

Thème principal

Le couple

Mots-clés

Filiation, Concubinage

Une cliente et sa fille viennent vous consulter, en tant que jeune avocat briviste, au sujet de problèmes juridiques qui les préoccupent. Elles vous demandent de les conseiller par des réponses argumentées, se fondant sur les textes (internes et internationaux) et les positions de la jurisprudence (française et européenne).

Olivia vous raconte qu'il y a quinze ans, en 2006, elle a rencontré Adolphe. Ce dernier, employé d'une société de construction de piscines, était chargé de la réalisation d'un grand bassin dans la propriété d'Olivia. En effet, la jeune femme venait d'investir l'héritage laissé par ses parents dans l'acquisition d'une belle demeure à Collonges-la-Rouge, afin de se lancer dans une activité de chambres d'hôtes. Olivia, déjà maman de Louise, une fillette d'un an, a tout de suite été séduite par le charme d'Adolphe. Très vite, une relation de concubinage a débuté entre eux et Adolphe est venu vivre chez Olivia. Les chambres d'hôtes d'Olivia se sont révélées très rentables. Tout en conservant son activité professionnelle salariée, Adolphe aide parfois Olivia en proposant, deux ou trois week-ends au cours de l'été, des animations autour de la piscine, notamment des séances d'aquagym. En janvier 2013, afin de montrer son grand attachement à sa concubine et à la fille de cette dernière, Adolphe a établi un lien de filiation paternelle avec Louise en la reconnaissant dans un acte authentique devant un notaire, même s'il était bien conscient de ne pas être le géniteur de l'enfant.

Sujet donné et corrigé établi par

Marie-Christine Meyzeaud-Garaud, Maître de conférences (HDR), Université de Limoges

Second semestre 2020-2021

Depuis cette reconnaissance, Louise porte le nom de famille de son père. Adolphe, dès le début de sa relation avec Olivia, s'est impliqué dans l'éducation de Louise, et la petite fille a beaucoup d'affection pour lui. D'ailleurs, de nombreux amis du couple ont remarqué la grande proximité qui existe entre eux. Toutefois, Adolphe cache un terrible secret. Depuis les neuf ans de Louise, il commet à l'encontre de cette dernière des agressions sexuelles. Fin 2020, suite aux dénonciations de Louise, il a été condamné pour ces faits par une juridiction pénale. Depuis, les choses vont très mal dans le couple, et entre Adolphe et Louise. Olivia a rompu avec brutalité la relation de concubinage, jetant toutes les affaires d'Adolphe dans la piscine, sous les yeux médusés des clients des chambres d'hôtes. Même si Louise continue de considérer Adolphe comme son père malgré l'inceste qu'il lui a fait subir, il n'en va pas de même pour Adolphe qui renie sa fille, la rendant responsable de ses démêlées avec la justice pénale.

Olivia et Louise sont très inquiètes car Adolphe leur a fait part de sa volonté d'intenter diverses actions en justice, et elles aimeraient savoir si celui-ci a des chances d'obtenir gain de cause.

1° Adolphe veut contester sa reconnaissance de paternité alors que Louise souhaite qu'il demeure son père. *(9 points)*;

2° Adolphe soutient qu'il a droit à une indemnité pour sa participation à la gestion des chambres d'hôtes, estimant que ses animations ont grandement contribué à leur attractivité. *(7 points)*;

3° Adolphe dénonce le caractère traumatisant des conditions de la rupture du concubinage, et demande à être indemnisé pour le préjudice subi. *(4 points)*.

Le Code civil est autorisé.

› Préparation

Analyse du sujet

Ce cas pratique aborde diverses problématiques relatives à la filiation et au droit du couple non marié. Il traite, d'abord, de l'action en contestation de reconnaissance, puis de la rupture d'un concubinage (société créée de fait et enrichissement injustifié, régime applicable aux biens, et abus du droit de rompre). Ce sujet nécessite une bonne maîtrise du droit positif, dont la jurisprudence interne et celle de la Cour européenne des droits de l'Homme.

Plan du corrigé

I/ L'action en contestation de reconnaissance
A – La reconnaissance
B – La possession d'état conforme au titre
C – Qualité et délai pour agir
II/ La rupture du concubinage
A – La demande d'une indemnisation pour participation à l'activité professionnelle de l'ex-concubine
B – La rupture abusive du concubinage

› Corrigé

De concubins rompent leur relation suite à la condamnation pénale de l'homme qui a eu des relations incestueuses avec l'enfant du couple. Diverses difficultés juridiques apparaissent. L'une est relative à la contestation de sa reconnaissance par le père de l'enfant (I). Les autres concernent la rupture du concubinage (II).

I/ L'action en contestation de reconnaissance

Adolphe a reconnu Louise en 2013. Aujourd'hui, après avoir été condamné pénalement pour des agressions sexuelles sur la personne de sa fille, il souhaite contester sa reconnaissance en arguant qu'il n'est pas le géniteur de l'enfant. L'ordonnance du 4 juillet 2005 soumet les actions en contestation de filiation à des règles différentes selon que la filiation de l'enfant est établie par un titre et une possession d'état concordants, ou seulement par un titre ou une possession d'état. Il convient donc de s'intéresser au titre, à savoir la reconnaissance (A), puis à la présence d'une possession d'état conforme (B) et enfin à sa durée (C), afin de savoir si l'action en contestation de reconnaissance d'Adolphe est susceptible d'aboutir.

A – La reconnaissance

La reconnaissance est un acte juridique unilatéral, personnel et volontaire, par lequel une personne déclare que tel enfant est le sien, ce qui l'engage à assumer les conséquences juridiques attachées à ce lien de filiation. Selon l'article 316 du Code civil, la reconnaissance doit être réalisée, de façon solennelle, dans un acte authentique contenant les mentions obligatoires énumérées à l'article 62 du Code civil. La reconnaissance a un caractère déclaratif. Elle opère rétroactivement dès la naissance de l'enfant puisqu'elle ne fait que constater un lien de filiation préexistant. Son effet est individuel, car elle n'établit la filiation qu'à l'égard de son auteur, mais elle s'impose à tous. L'enfant peut ainsi se prévaloir, à l'égard de toute personne, de sa filiation établie par reconnaissance. Une reconnaissance postérieure par une autre personne est interdite tant que la première n'a pas été contestée avec succès, en vertu du principe chronologique prévu à l'article 320 du Code civil.

En l'espèce, tout laisse à penser que la reconnaissance de Louise faite par Adolphe revêt toutes les conditions requises pour établir valablement le lien de filiation paternelle de l'enfant, notamment car elle est intervenue par acte authentique, devant un notaire. Le fait qu'il s'agisse d'une reconnaissance de complaisance, Adolphe sachant au moment de reconnaître Louise qu'il n'est pas le père biologique de l'enfant, ne remet pas en cause sa validité. Certes, une loi du 10 septembre 2018, afin de lutter contre les reconnaissances frauduleuses de paternité, a inséré, aux articles 316-1 et suivants du Code civil, un système de contrôle *a priori* des reconnaissances, calqué sur le système d'opposition à mariage. Toutefois, ce texte n'était pas en vigueur au moment où la reconnaissance est intervenue en janvier 2013 et, de toute façon, cette législation a surtout pour finalité d'éviter des reconnaissances frauduleuses par des hommes français voulant transmettre leur nationalité. Même si la reconnaissance d'Adolphe est parfaitement valable, elle ne prouve la filiation paternelle de Louise que jusqu'à preuve du contraire. Elle peut, en effet, être contestée lors d'une action qui a pour objet de mettre en évidence que l'auteur de la reconnaissance n'est pas, en réalité, le parent biologique de l'enfant reconnu. Afin de savoir si cette action est ouverte à Adolphe, et dans quelles conditions, il faut vérifier s'il existe une possession d'état conforme à la reconnaissance.

B – La possession d'état conforme au titre

La notion de possession d'état se traduit par les trois termes latins *tractatus, fama* et *nomen* qui concernent la nature des relations de l'enfant avec ses père et mère, c'est-à-dire la façon dont il est traité par eux et dont il les traite, la renommée de l'enfant dans son milieu familial ainsi que dans la société et le nom porté par celui-ci. Les éléments constitutifs de la possession d'état, dont l'existence est laissée à l'appréciation souveraine des juges du fond, sont formulés à l'article 311-1 du Code civil. Selon ce texte, « la possession d'état s'établit par une réunion suffisante de faits qui relèvent le lien de filiation et de parenté entre une personne et la famille à laquelle elle est dite appartenir.

Les principaux de ces faits sont :

1° que cette personne a été traitée par celui ou ceux dont on la dit issue comme leur enfant et qu'elle-même les a traités comme son ou ses parents. Il y a un caractère de réciprocité. Et il est précisé qu'il peut s'agir d'un seul ou des deux parents.

2° que ceux-ci ont, en cette qualité, pourvu à son éducation, à son entretien et à son établissement.

3° que cette personne est reconnue comme leur enfant, dans la société et par la famille.

4° qu'elle est considérée comme telle par l'autorité publique.

5° qu'elle porte le nom de celui ou ceux dont on la dit issue ».

De plus, il résulte de l'article 311-2 du Code civil que la possession d'état doit présenter différents caractères. Elle doit être continue, publique, paisible et non équivoque.

Existe-t-il une possession d'état d'Adolphe à l'égard de Louise ? Certains éléments de la possession d'état paraissent acquis. D'abord, la *fama* semble bien présente. En effet, Adolphe et Louise sont considérés comme père et fille par la famille, la société, l'autorité publique. Il est notamment possible de s'appuyer sur les témoignages en ce sens d'amis de la famille. Ensuite, le *nomem* existe aussi. Louise porte depuis la reconnaissance le nom de famille d'Adolphe. Enfin, s'agissant du *tractatus*, son existence pose plus de difficultés. Certes, *a priori*, Adolphe a très rapidement élevé Louise en qualité de père, s'impliquant dans son éducation et, cette dernière, a une affection filiale pour lui. Cependant, un an après la reconnaissance de Louise, il a eu un comportement incestueux vis-à-vis de cette dernière. Cet inceste est-il susceptible de rendre la possession d'état équivoque, la remettant en cause ? La jurisprudence ne l'a pas admis dans une situation factuelle proche de celle de ce cas pratique. Selon la Cour de cassation, « la cour d'appel a souverainement estimé que les témoignages constatant le comportement anormal de M. A envers sa fille ne remettait pas en cause l'existence d'une possession d'état conforme au titre de naissance dès lors que les témoins se bornaient à déplorer le dévoiement incestueux de la relation entre le père et la fille » (Civ. 1re, 3 avr. 2019, n° 18-13.642). Comme l'indique un auteur commentant cet arrêt, « raisonnant tristement par l'absurde, suffirait-il de dire qu'un père qui abuse de ses enfants n'est pas juridiquement un père ? Que l'auteur de la reconnaissance se soit comporté comme le pire des parents ne remet pas en cause la possession d'état de père. » (H. Fulchiron, note sous Civ. 1re, 3 avr. 2019, *Dr. fam.* 2019, comm. 124). Si l'on s'en tient à cette jurisprudence, Adolphe ne devrait pas pouvoir convaincre la justice d'une absence de possession d'état conforme à la reconnaissance.

Lorsque le titre et la possession d'état concordent, cela donne à la filiation une grande stabilité. De la sorte, les actions en contestation de filiation sont soumises à des conditions restrictives quant aux personnes pouvant agir et aux délais de l'action.

C – Qualité et délai pour agir

En cas de concordance entre le titre et la possession d'état, seuls peuvent agir en contestation de filiation l'enfant, son père ou sa mère, et celui qui se prétend le véritable parent. Le délai pour agir est court : cinq ans à compter du jour ou la possession d'état a cessé. Et surtout, selon l'article 333, alinéa 2, du Code civil, « nul ne peut contester la filiation lorsque la possession d'état a duré au moins cinq ans depuis la reconnaissance, si elle a été faite ultérieurement ». Dès lors, une possession d'état quinquennale rend la reconnaissance incontestable. La filiation est définitivement acquise.

Adolphe a qualité pour agir en contestation de reconnaissance en tant que père. Au moment où il intente la procédure, il est bel et bien le père de l'enfant en vertu de la reconnaissance dont il est l'auteur. Cependant, il semble hors délai pour agir et devrait donc se heurter à la prescription de l'action. En effet, le point de départ du délai pour vérifier la conformité de la possession d'état et du titre est la date de la reconnaissance. Celle-ci est intervenue en 2013 et a duré jusqu'en 2020, soit huit années, bien au-delà des cinq ans requis pour rendre la reconnaissance incontestable. Le fait que la reconnaissance soit de complaisance n'y change rien. Elle ne peut plus être attaquée. Toutefois, il en irait différemment si les magistrats estimaient, en raison de l'inceste, mais c'est improbable, qu'il n'existait pas de possession d'état concordante avec la reconnaissance. Dans cette hypothèse, la filiation, seulement établie par la reconnaissance, pourrait être contestée par Adolphe, en sa qualité de père, dans le délai de droit commun de dix ans, prévu à l'article 321 du Code civil. Ce délai de dix ans commençant à courir à partir du jour de la reconnaissance, il n'est pas encore échu, et Adolphe pourrait donc agir en contestation de sa reconnaissance. Cette dernière étant mensongère, il n'aurait pas de mal à apporter la preuve qu'il n'est pas le parent biologique de l'enfant reconnu. Il devrait alors même pouvoir bénéficier d'une expertise biologique ordonnée par le juge. Un important arrêt de la Cour de cassation mentionne que « l'expertise biologique est de plein droit en matière de filiation, sauf s'il existe un motif légitime de ne pas y procéder » (Civ. 1re, 28 mars 2000, *Dr. fam.* 2000, comm. 72, obs. P. Murat). Même si tout laisse à penser que la reconnaissance est incontestable par prescription acquisitive d'une possession d'état quinquennale en conformité avec le titre, Adolphe pourrait, malgré tout, songer à mettre en avant que, dans sa situation particulière, le jeu de cette prescription porte une atteinte disproportionnée à son droit au respect de sa vie privée et familiale issu de l'article 8 de la Conv. EDH. En effet, depuis fin 2013, la Cour de cassation accepte de réaliser un contrôle de proportionnalité *in concreto*. Elle a d'abord mis en œuvre un tel contrôle en matière d'empêchement à mariage entre alliés (Civ. 1re, 4 déc. 2013, *Dr. fam.* 2014, comm. 1, note J.-R. Binet, *JCP G* 2014, 93, note M. Lamarche ; Civ. 1re, 7 déc. 2016, *JCP G* 2017, 166, note J. Hauser), avant de l'appliquer à diverses reprises en droit de la filiation (Civ. 1re, 10 juin 2015, *D.* 2015, 2365, note H. Fulchiron ; Civ. 1re, 6 juill. 2016, *JCP G* 2016, 992, obs. A. Gouttenoire ; Civ. 1re, 5 oct. 2016, *JCP G* 2016, 1276, note Th. Garé ; Civ. 1re, 9 nov. 2016, *JCP G* 2017, 46, note V. Larribau-Terneyre, *Dr. fam.* 2017, comm. 9, H. Fulchiron). De la sorte, dans l'arrêt en date du 9 novembre 2016, la Cour de cassation a apprécié la conventionnalité, et l'exigence de proportionnalité qui y est inhérente, en deux temps. En premier lieu, la haute juridiction a considéré que, *in abstracto*, le dispositif français de prescription de l'action en recherche de paternité était conforme aux exigences de la Conv. EDH car il respectait le juste équilibre entre le droit à l'établissement de la filiation et la protection de la sécurité juridique, incluant le droit des tiers à la stabilité des relations familiales. Sa vision est conforme à la jurisprudence de la Cour de Strasbourg (CEDH 3 avr. 2014, *Konstandinidis c/ Grèce* ; CEDH 19 juill. 2016, *Calin et a. c/ Roumanie*, *Dr. fam.* 2016, comm. 199, note H. Fulchiron). En second lieu, la Cour de cassation insiste sur les circonstances particulières de l'espèce : il appartient au juge, énonce-t-elle, de vérifier « si, concrètement, dans l'affaire qui lui est soumise, la mise en œuvre des dispositions ne porte pas au droit au respect de la vie privée et familiale [...] une atteinte disproportionnée au regard du but poursuivi ». Dorénavant, il reviendra donc aux juges du fond, usant de leur pouvoir souverain d'appréciation, de dire au cas par cas si la loi mérite ou non d'être appliquée. Adolphe pourrait tout de même avoir du mal à persuader les juges du fond que, dans son cas particulier, la prescription de l'action en contestation de reconnaissance constitue une atteinte disproportionnée à son droit au respect de sa vie privée et familiale, d'autant plus que Louise souhaite le maintien de son lien de filiation paternelle. En effet, Adolphe savait depuis le début que sa reconnaissance était contraire à la vérité biologique, et tout laisse à penser qu'il souhaite anéantir son lien de paternité seulement en représailles de sa condamnation pénale dont il juge Louise responsable, estimant qu'elle n'aurait pas dû le dénoncer.

Il est donc possible de rassurer Louise. Tout laisse à penser que l'action en contestation de reconnaissance d'Adolphe ne pourra pas aboutir étant prescrite par cinq ans de possession d'état et de titre concordants. Et l'argumentation tirée de la violation de la Conv. EDH ne devrait pas permette de passer outre cette prescription quinquennale.

II/ La rupture du concubinage

Il ne fait nul doute qu'il existait entre Olivia et Adolphe une vie de couple continue et stable, qualifiable d'union libre au sens de l'article 515-8 du Code civil. Cette relation de concubinage a été rompue par Olivia. Adolphe souhaite obtenir une indemnisation pour sa participation à la gestion des chambres d'hôtes de son ex-concubine (A) et obtenir des dommages et intérêts pour un exercice abusif par Olivia de son droit de rompre (B).

A – La demande d'une indemnisation pour participation à l'activité professionnelle de l'ex-concubine

Olivia exploite des chambres d'hôtes sur un immeuble dont elle jouit de la propriété exclusive. Son ex-concubin Adolphe, pendant le temps qu'a duré leur union libre, l'a très épisodiquement aidée en assurant une activité bénévole d'animateur auprès de la clientèle. En raison de leur séparation, il va falloir liquider leurs intérêts pécuniaires. En matière de concubinage il n'existe pas de régime des biens organisé par le législateur, contrairement au mariage ou au Pacs. Faute de règles spéciales, des mécanismes issus du droit commun sont utilisés comme palliatifs. Adolphe pourrait songer à demander une indemnisation à Olivia au titre de son activité fournie dans le passé. Dans ce but, il pourrait invoquer l'existence entre eux d'une société créée de fait (1) ou, à défaut, arguer d'un enrichissement injustifié d'Olivia (2).

1 • L'existence d'une société créée de fait entre concubins

Une telle société créée de fait ne peut résulter de la seule situation de concubinage, c'est-à-dire d'une simple communauté de vie entre les concubins. Elle nécessite obligatoirement la réunion des éléments caractéristiques d'un contrat de société, à savoir qu'il y ait eu des apports de part et d'autre, que soit établie l'intention chez les concubins de participer aux bénéfices et aux pertes, et qu'ils aient partagé l'*affectio societatis*. Chacun de ces éléments cumulatifs doit être établi séparément, et l'on ne peut pas déduire de la présence de l'un l'existence des autres. La reconnaissance d'une telle société entre concubins est une question de fait qui relève du pouvoir d'appréciation des juges du fond. De façon générale, la jurisprudence se montre assez réticente à en admettre la présence (Civ. 1re, 12 mai 2004, *RTD civ.* 2004, 487, obs. J. Hauser).

A priori ici, les faits semblent peu évocateurs d'une société créée de fait. Ainsi, par exemple, dans un arrêt du 12 mai 2015 dont les faits concernaient une activité de gestion de gîtes, la Cour de cassation a approuvé les juges du fond d'avoir rejeté l'existence d'une société créée de fait, car « la volonté commune de participer aux bénéfices et aux économies ainsi qu'aux pertes éventuelles de l'exploitation n'était pas caractérisée » (Com. 12 mai 2015, *RTD civ.* 2016, 87, obs. J. Hauser). Si Adolphe veut obtenir une indemnité au titre de sa participation à l'exploitation des chambres d'hôtes sur le fondement de la société créée de fait, il devra convaincre les magistrats que tous les éléments du contrat de société sont réunis. Pour cela, il pourra éventuellement établir la preuve, grâce à des témoignages de clients, qu'il a effectué un apport en industrie consistant à avoir collaboré de temps en temps à l'animation de la structure de son ex-concubine. Sa tâche ne sera pas facile tant sa collaboration est minime, limitée à quelques week-ends d'été. De surcroît, il devrait avoir encore plus de difficultés à prouver qu'il a participé aux dépenses de gestion de l'entreprise, et que les gains provenant des locations ont été répartis entre les deux concubins. Une réelle volonté de contribuer aux pertes et aux bénéfices éventuels liés à l'activité ne paraît pas exister en l'espèce. De plus, l'*affectio societatis* ne semble pas caractérisé. Il ressort des faits que les deux ex-concubins ne paraissent pas avoir été animés de l'intention de gérer ensemble une quelconque société. Du reste, les juges n'admettent que très rarement une société créée de fait entre concubins.

Nous pouvons donc dire à Olivia que la probabilité qu'Adolphe obtienne satisfaction sur ce fondement est quasi inexistante. Toutefois, Adolphe pourrait envisager d'agir sur un autre fondement, celui de l'enrichissement injustifié.

2 • L'existence d'un enrichissement injustifié

D'origine jurisprudentielle, la théorie de l'enrichissement sans cause, dite aussi action *de in rem verso*, est tirée du principe d'équité. Depuis l'ordonnance du 10 février 2016 portant réforme du droit des contrats, ce mécanisme, aujourd'hui dénommé « enrichissement injustifié », est consacré par le Code civil aux articles 1303 et suivants. La théorie de l'enrichissement sans cause a été appliquée, parfois avec succès, lors des ruptures de concubinage. Par exemple, la Cour de cassation a admis que la collaboration non rétribuée d'une concubine à l'exploitation du fonds de commerce de son concubin, allant au-delà d'une participation aux dépenses communes du couple, aboutit à appauvrir la première et à enrichir le second, ce qui rend recevable la demande fondée sur l'enrichissement sans cause (Civ. 1re, 15 oct. 1996, *Bull. civ.* I, nº 357, p. 250). L'action *de in rem verso* n'a qu'un caractère subsidiaire, c'est-à-dire qu'elle ne peut être exercée que si le demandeur ne bénéficie pas d'une autre action en justice pour obtenir satisfaction. Dès lors, si le concubin lésé peut invoquer à bon droit l'existence d'une société créée de fait, il ne pourra pas mener son action sur le terrain de l'enrichissement injustifié. En revanche, le rejet de la demande fondée sur l'existence d'un contrat de société rend recevable celle, subsidiaire, se référant à l'enrichissement injustifié. La Cour de cassation l'a précisé, notamment, dans un arrêt de sa première chambre civile du 6 mai 2009 (Civ. 1re, 6 mai 2009, *RJPF* 2009, p. 21). De façon générale, la jurisprudence refuse de faire de l'enrichissement injustifié le fondement général de l'établissement des comptes entre concubins. Cette action ne doit que servir ponctuellement à corriger une situation inéquitable au moment de la rupture du concubinage.

Adolphe pourrait songer à invoquer la théorie de l'enrichissement injustifié. En effet, l'aide qu'il a apportée à Olivia a évité à cette dernière des dépenses ou, *a minima*, a contribué à la prospérité de son activité professionnelle, tandis que corrélativement, Adolphe s'appauvrissait puisque les services qu'il rendait n'avaient pas de contrepartie pécuniaire. Le caractère subsidiaire de l'action ne devrait pas être un obstacle. Il ne semble pas pouvoir agir en justice sur un autre fondement pour pouvoir obtenir gain de cause. Une action fondée sur la société créée de fait apparaît vraisemblablement vouée à l'échec. Toutefois, les juges se montrent assez sévères dans l'admission de l'action *de in rem verso*. Ainsi, dans une situation factuelle assez similaire aux faits du cas pratique, la Cour de cassation a prononcé la cassation d'un arrêt d'appel dans lequel avait été fixé le paiement d'une somme au titre de l'enrichissement sans cause, mais sans déterminer l'enrichissement du concubin ni l'appauvrissement corrélatif de la concubine. Cette dernière avait bien collaboré ponctuellement à l'exploitation de son compagnon, mais de façon sporadique, alors qu'elle avait une profession autre. La constatation ne suffisait pas à caractériser la réunion des conditions de l'enrichissement sans cause (Civ. 1re, 8 oct. 2014, *RTD civ.* 2015, 107, obs. J. Hauser). Or, les animations d'Adolphe, réalisées auprès de la clientèle fréquentant les chambres d'hôtes, semblent peu importantes et très marginales, et ce dernier a conservé une activité salariale à plein temps indépendante. Il est donc improbable que les juges lui allouent une indemnité sur le fondement de l'enrichissement injustifié.

Quel que soit le mécanisme invoqué par Adolphe, les magistrats ne devraient pas condamner Olivia à payer à son ex-concubin des dommages et intérêts pour participation à son activité de gestion de chambres d'hôtes.

B – La rupture abusive du concubinage

Certes, le concubinage étant une situation de fait, il peut être rompu librement. L'union libre est précaire. En choisissant ce mode de conjugalité, les concubins ont voulu se réserver la liberté de rompre à leur gré leur relation. Chacun a accepté ce risque et celui qui le subit ne peut demander à l'autre d'en réparer les conséquences. Ainsi, la rupture unilatérale du concubinage n'engage pas, en principe, la responsabilité de l'auteur envers son concubin (CA Pau, 30 janv. 2012, *Dr. fam.* 2012, com. 76, obs. V. Larribau-Terneyre). Toutefois, il en va autrement si la rupture revêt un caractère fautif. Le concubin délaissé peut alors engager une action en responsabilité du fait personnel (C. civ., art. 1240) en apportant la preuve d'une faute détachable de la rupture, d'un préjudice subi et d'un lien de causalité entre la faute et le préjudice. Le plus souvent, la faute réside dans les circonstances mêmes de la rupture lorsqu'elles sont empreintes de brutalité (CA Metz, 8 janv. 2015, *Dr. fam.* 2015, com. 70, obs. A.-C. Reglier). Il revient à celui qui invoque la faute d'en prouver la réalité par tous moyens.

En l'espèce, les modalités de la rupture paraissent répondre au critère de brutalité, rendu manifeste par le fait qu'Olivia a jeté les affaires personnelles de son concubin dans la piscine, au vu et au su des clients. Il appartiendra à Adolphe d'établir, par tous moyens, qu'Olivia s'est comportée comme il le prétend. Cela pourrait être assez aisé car il y a eu des témoins de cette scène. Il suffirait à

Adolphe de demander aux locataires des chambres d'hôtes ayant assisté à l'incident de l'attester. L'admission d'un préjudice, en particulier matériel, du fait de la destruction de ses effets personnels, ou même moral, en lien de causalité avec l'éventuelle faute est tout à fait envisageable. En revanche, le comportement incestueux d'Adolphe vis-à-vis de Louise, la fille d'Olivia, sera sans doute considéré comme une faute de la victime, exonérant partiellement Olivia de sa responsabilité. Il n'est toutefois pas certain qu'un lien de causalité soit retenu entre la faute d'Adolphe et le dommage dont il demande réparation. Dès lors, Olivia ne sera peut-être pas dispensée de verser des dommages et intérêts à Adolphe en raison du comportement brutal qu'elle a eu lors de la rupture de la relation de concubinage.

La famille

Thème principal

Le couple

Mots-clés

Mariage, Divorce, Nullité

Sujet donné et corrigé établi par

Maxime Barba, Maître de conférences, Université Jean Moulin Lyon 3

Second semestre 2020-2021

› *Cas pratique*

Léonie et Amandine se sont unies le 13 janvier 2017, à Lyon, dans la plus grande intimité. Et surtout la plus grande discrétion : le père d'Amandine réprouvait farouchement cette union et y était absolument opposé.

Elles coulèrent des jours heureux jusqu'à récemment.

Amandine a appris que Léonie était en fait, depuis bien longtemps, une joueuse compulsive, ce qu'elle lui avait dissimulé avant leur union et tout au long de celle-ci.

Non seulement Léonie perd des sommes conséquentes au *black jack* et autres jeux de cartes, ce qui affecte le train de vie du couple, mais cela a de plus des conséquences désastreuses sur leur vie de couple : Léonie délaisse de plus en plus Amandine, sur les plans affectif et sexuel. Leur complicité n'est plus qu'un souvenir.

Pour ne rien arranger, Amandine a récemment appris que Léonie entretenait une relation avec Marion, qui travaille justement au casino qu'elle affectionne.

Léonie a expliqué à Amandine qu'il n'y avait rien de charnel entre elles ; mais elle a concédé avoir trouvé en Marion une confidente précieuse, une complice affective. Léonie a même admis avoir des sentiments plus qu'amicaux pour Marion, cependant que ses propres sentiments pour Amandine s'atténuaient.

Depuis cette dispute, Léonie dort sur le canapé du salon.

Amandine, qui ne supporte plus cette situation, vient vous consulter pour obtenir l'annulation du mariage et, à défaut, le divorce.

Amandine vous indique que Léonie souhaite fermement demeurer l'épouse d'Amandine : le divorce n'est pour elle pas une option.

Lorsqu'Amandine vous expose sa situation, elle ajoute que son père a très récemment appris son union avec Léonie et compte bien, lui aussi, explorer les voies de droit pour la faire annuler.

Son père est un farouche opposant au mariage de personnes de même sexe ; de surcroît, voilà longtemps qu'il savait pour sa part que Léonie était une joueuse compulsive et qu'elle le cachait à Amandine, ce qu'il ne supportait pas.

Sur ces fondements, le père d'Amandine, Roger, est bien décidé à obtenir l'annulation du mariage de sa fille. Il est aussi prêt à demander le divorce d'Amandine en lieu et place de cette dernière. Amandine souhaite savoir si les différentes actions de son père ont des chances de prospérer.

› *Préparation*

Analyse du sujet

À travers ce cas clinique, il s'agit d'apprendre à mobiliser les règles de fond et de procédure relatives à la validité du mariage. Il s'agit tout particulièrement de déterminer qui, parmi les protagonistes, dispose de la qualité à agir en nullité du mariage, ce qui suppose de bien distinguer les cas de nullité relative et absolue. Il s'agit, également, de mobiliser les règles de fond et de procédure relatives au divorce pour faute. Il s'agit spécifiquement, là aussi, de déterminer lequel des protagonistes dispose de la qualité à agir à cette fin.

Plan du corrigé

I/ Examen des demandes d'Amandine
A – La demande en annulation
B – La demande en divorce
II/ Examen des demandes du père d'Amandine
A – La demande d'annulation
B – La demande en divorce

› *Corrigé*

Léonie et Amandine sont mariées depuis le 13 janvier 2017. Par la suite, Amandine apprend que Léonie est une joueuse compulsive, ce que cette dernière avait pris soin de cacher. Elle perd désormais des sommes conséquentes, ce qui se ressent sur leur union. Léonie s'éloigne de surcroît d'Amandine : elle entretient avec une certaine Marion une relation affective et non charnelle, qui confine à l'adultère moral. Depuis une récente dispute portant sur ces éléments, Amandine et Léonie ne partagent plus le même lit : la seconde dort « sur le canapé du salon ».

Amandine souhaite obtenir, à titre principal, l'annulation du mariage et, à titre subsidiaire, le divorce. Amandine indique que Léonie n'a pour sa part nulle intention de voir leur union dissoute.

Le père d'Amandine, opposé par principe au mariage homosexuel, qui connaissait de surcroît les démons de Léonie et qui savait que celle-ci les cachait à sa fille, entend aussi faire annuler le mariage, à titre principal. À titre subsidiaire, il souhaite demander le divorce de sa fille.

I/ Examen des demandes d'Amandine

La demande en annulation formulée par Amandine (A) sera examinée avant sa demande de divorce (B).

A – La demande en annulation

L'adultère moral, à le supposer constitué, n'entre pas en ligne de compte s'agissant de la validité du mariage, puisqu'il n'apparaît que postérieurement à la célébration de l'union. Il en va autrement de l'addiction de Léonie aux jeux d'argent, qui préexiste par hypothèse au mariage.

Amandine peut-elle se prévaloir d'une erreur pour obtenir la nullité du mariage contracté en 2017 ?

En droit, l'article 180, al. 2, du Code civil dispose que « S'il y a eu erreur dans la personne, *ou sur des qualités essentielles de la personne*, l'autre époux peut demander la nullité du mariage » (it. ajouté). La jurisprudence en tire ordinairement plusieurs conditions : *primo*, que l'époux qui demande l'annulation fût effectivement dans l'erreur au jour de la célébration du mariage (*i.e.* une représentation erronée de la réalité) ; *secundo*, que cette erreur soit déterminante du consentement (*i.e.* sans une telle erreur, l'époux n'aurait pas contracté mariage) ; *tertio*, que l'erreur porte soit sur l'identité de la personne, soit sur ses qualités essentielles. Si l'appréciation du caractère déterminant se fait *in concreto*, l'appréciation des qualités essentielles s'opère *in abstracto*. La jurisprudence du fond considère que le mensonge qui ne porte pas sur une qualité essentielle n'est pas un fondement valable pour l'annulation du mariage (CA Douai, 17 nov. 2008, à propos de la virginité). *A contrario*, le mensonge portant sur une qualité essentielle peut entraîner l'annulation du mariage. Au reste, le dol n'est pas reconnu en tant que tel comme cause de nullité du mariage (conformément à l'adage « En mariage, trompe qui peut »).

En l'espèce, Amandine ignorait au jour du mariage l'addiction aux jeux de Léonie, laquelle lui a sciemment dissimulé. Il est probable, sans être certain, qu'Amandine n'aurait pas contracté mariage si elle l'avait su. De surcroît, l'absence d'addiction aux jeux d'argent peut être perçue comme une qualité essentielle de la personne, quand bien même il ne s'agit pas d'une caractéristique objective de la personne (à l'instar d'un état « objectif » de divorcé, de condamné pénal, etc.).

En conclusion, la demande d'annulation d'Amandine a des chances sérieuses d'aboutir. Encore faut-il que sa demande ne soit pas prescrite.

Sa demande est-elle prescrite ?

En droit, l'article 181 du Code civil dispose que « la demande en nullité n'est plus recevable à l'issue d'un délai de cinq ans à compter du mariage ». Il s'agit d'un délai de prescription.

En l'espèce, le mariage fut célébré en 2017, cependant qu'Amandine nous consulte en 2021, soit 4 ans après.

En conclusion, sa demande n'est pas prescrite.

Amandine a-t-elle confirmé implicitement le mariage ?

En droit, l'article 183 du Code civil dispose que « L'action en nullité ne peut plus être intentée [...] par les époux [...] toutes les fois que le mariage a été approuvé expressément ou tacitement par ceux dont le consentement était nécessaire ». Ce texte réserve l'hypothèse de la confirmation du mariage : l'époux qui, réalisant l'erreur, reste ensuite en mariage sciemment, purge le mariage de son vice initial.

En l'espèce, Amandine ne semble pas avoir procédé à une quelconque confirmation : lorsqu'elle a appris l'addiction de Léonie, une dispute s'en est immédiatement suivie, conduisant à une quasi-séparation de fait.

En conclusion, Amandine peut agir en nullité du mariage en ce qu'elle ne l'a pas purgé de son vice initial dans les conditions de l'article 183.

Amandine a-t-elle qualité à agir ?

L'article 180, al. 2, réserve l'action en nullité du mariage pour erreur à l'époux qui se trouve dans l'erreur. Amandine a donc, sans difficulté, qualité à agir.

Si la recevabilité de la demande est donc assurée, il n'est pas acquis que la demande en annulation d'Amandine prospérera. C'est pourquoi il faut désormais examiner sa demande en divorce.

B – La demande en divorce

Amandine peut-elle obtenir le divorce pour faute sur le fondement de l'addiction aux jeux de Léonie, ensemble sa dissimulation intentionnelle ?

En droit, l'article 242 du Code civil dispose que « Le divorce peut être demandé par l'un des époux lorsque des faits constitutifs d'une violation grave ou renouvelée des devoirs et obligations du mariage sont imputables à son conjoint et rendent intolérable le maintien de la vie commune ». Il s'en évince deux conditions cumulatives (Civ. 2e, 25 mai 1994, n° 91-18.350), les juridictions pouvant néanmoins économiser la démonstration de chacune pour adopter une motivation globale (Civ. 2e, 30 nov. 2000, n° 99-12.458) : d'une part, les faits doivent être constitutifs d'une *violation grave ou renouvelée des devoirs du mariage* ; d'autre part, ces faits doivent rendre *intolérable le maintien de la vie commune* (élément matériel). La faute doit de surcroît être imputable à l'époux (élément moral). L'article 212 dispose quant à lui que « Les époux se doivent mutuellement respect, fidélité, secours, assistance ». La jurisprudence considère que l'époux exagérément dispendieux, qui engage des dépenses excessives, commet une faute de nature à provoquer le divorce en ce qu'elle met à mal l'équilibre financier du couple (Versailles 19 janv. 2012, n° 11/00727). *A fortiori*, il en va de même de l'époux qui dilapide l'argent du ménage dans des jeux d'argent. De surcroît, il est possible de voir dans la dissimulation de l'addiction aux jeux d'argent un manquement au devoir de loyauté entre époux.

En l'espèce, Léonie est une joueuse compulsive et il est constant qu'elle perd aux jeux d'argent des sommes conséquentes. Il est également constant qu'elle l'a caché aussi longtemps que possible à Amandine. Il y a là deux manquements graves *et* répétés aux devoirs du mariage. Il est par ailleurs acquis qu'un tel comportement compromet durablement l'union des deux.

En conclusion, Amandine peut sans doute requérir le divorce pour faute sur le fondement de l'addiction aux jeux de Léonie, ensemble sa dissimulation intentionnelle.

Amandine peut-elle obtenir le divorce pour faute, compte tenu de l'adultère moral de Léonie (le « petit adultère ») ?

En droit, sur le fondement des mêmes textes que ci-dessus (C. civ., art. 212 et 242), la jurisprudence considère que l'adultère charnel constitue une cause de divorce, si les conditions de l'article 242 sont réunies (Civ. 2e, 23 avr. 1980). Elle considère aussi que l'adultère moral (dit aussi le « petit adultère » selon l'expression du doyen Carbonnier) peut aussi bien constituer une cause de divorce : il s'agit de l'adultère non charnel, qui manifeste le délaissement affectif de l'époux au profit d'un tiers et qui s'analyse en un manquement au devoir de fidélité.

En l'espèce, Léonie entretient avec Marion une relation non charnelle mais affective, Léonie admettant avoir des sentiments pour cette dernière qui « écarteraient » progressivement ceux qu'elle disait ressentir pour Amandine.

En conclusion, Amandine peut bien requérir le divorce pour faute sur ce fondement, à condition d'insister sur la gravité d'un tel comportement et sur l'impossibilité consécutive du maintien de la vie conjugale.

II/ Examen des demandes du père d'Amandine

La demande en annulation du père d'Amandine (A) sera examinée avant sa demande de divorce (B).

A – La demande d'annulation

Le père d'Amandine peut-il demander la nullité du mariage contractée par cette dernière sur le fondement de l'erreur ?

En droit, l'article 180, al. 2, du Code civil dispose que « S'il y a eu erreur dans la personne, ou sur des qualités essentielles de la personne, *l'autre époux* peut demander la nullité du mariage ». Il s'agit d'un cas de nullité relative : l'action est attitrée à l'époux qui se trouve dans l'erreur ; les tiers ne peuvent demander la nullité du mariage en lieu et place. En règle générale, nul ne plaidant par procureur, un tiers au mariage ne peut se substituer à l'un des époux pour requérir la nullité du mariage. L'article 184 du Code civil, qui intéresse plus volontiers les hypothèses de nullité absolue, ne déroge par ailleurs pas à l'article 180.

En l'espèce, le père d'Amandine n'est d'évidence pas l'épouse de Léonie.

En conclusion, il est irrecevable à solliciter la nullité du mariage d'Amandine sur le fondement de l'erreur.

Même à la supposer recevable, l'action du père d'Amandine fondée sur l'illicéité du mariage homosexuel a-t-elle des chances d'aboutir ?

En droit, l'article 143 du Code civil dispose, depuis la loi du 17 mai 2013, que « Le mariage est contracté par deux personnes de sexe différent ou de même sexe ».

En l'espèce, le père d'Amandine entend solliciter l'annulation du mariage en se prévalant de l'illicéité (ou de l'immoralité) du mariage homosexuel contracté par celle-ci.

En conclusion, même à supposer recevable l'action en nullité du père d'Amandine sur ce fondement (ce qu'elle n'est sans doute pas au regard de l'article 184 qui se veut exhaustif), elle n'a aucune chance de prospérer.

B – La demande en divorce

Le père d'Amandine est-il recevable à demander le divorce de sa fille pour faute de Léonie ?

En droit, l'article 242 du Code civil indique que le divorce ne peut être demandé que par l'un des époux. L'action en divorce est dite attitrée : son exercice est réservé aux seuls époux.

En l'espèce, le père d'Amandine n'est d'évidence pas l'un des époux concernés.

En conclusion, il est irrecevable à solliciter leur divorce.

La famille

Thème principal

Le couple

Mots-clés

Concubinage, Solidarité, Effets du mariage, Annulation, Séparation de corps, Établissement de la filiation, Contestation

Sujet donné et corrigé établi par

Éléonore Cadou, Maître de conférences, Université de La Réunion

Second semestre 2020-2021

› 1. Analyse d'arrêt (10 points)

Après avoir lu attentivement l'arrêt Civ. 1re, 27 avril 2004, vous répondrez aux questions qui suivent :

Vu les articles 220 et (1310) du Code civil ;

Attendu qu'aux termes du second de ces textes, la solidarité ne se présume point ; qu'il faut qu'elle soit expressément stipulée ; que cette règle ne cesse que dans les cas où la solidarité a lieu de plein droit, en vertu d'une disposition de la loi ; que le premier, qui institue une solidarité de plein droit des époux en matière de dettes contractées pour l'entretien du ménage ou l'éducation des enfants, n'est pas applicable en cas de concubinage ;

Attendu que, pour condamner solidairement M. X... qui avait vécu en concubinage avec Mme Y... à payer à la société Cetelem le solde d'un prêt, le jugement attaqué retient que nonobstant le fait que le contrat ne soit pas signé, Mme Y... était à l'origine des demandes financières ; que M. X... ne pouvait ignorer l'existence du prêt puisque les échéances étaient prélevées sur son propre compte et que le couple avait bénéficié de cet argent pour les besoins du ménage ;

Attendu qu'en statuant ainsi, le tribunal d'instance a violé les textes précités ;

PAR CES MOTIFS : CASSE ET ANNULE, dans toutes ses dispositions, le jugement rendu le 23 mars 2001, entre les parties, par le tribunal d'instance de Confolens ; remet, en conséquence, la cause et les parties dans l'état où elles se trouvaient avant ledit jugement et, pour être fait droit, les renvoie devant le tribunal d'instance d'Angoulême.

Questions :

1. Qu'est-ce que la solidarité en droit de la famille ?

2. Que se serait-il passé concrètement si le pourvoi en cassation avait été rejeté ? Qu'est-ce que cela aurait signifié sur le plan juridique ?

3. Pourquoi la décision rendue ne donne-t-elle pas d'information sur l'arrêt d'appel ?

4. Pourquoi le Tribunal d'instance fait-il référence au fait que l'argent était prélevé sur le compte de M. X... ?

5. Quelle est la question de droit à laquelle la Cour de cassation était confrontée ?

6. Décomposez clairement la majeure du raisonnement syllogistique employé par la Cour de cassation.

› 2. Cas pratique (10 points)

Juliette et Victor se rencontrèrent à la *Guinguette de Nogent*, sur les bords de la Marne en août 2002. Tous deux âgés d'une vingtaine d'années, ils filèrent rapidement le parfait amour, et Victor vint s'installer dans la chambre de bonne que les parents de Juliette avaient louée pour permettre à leur fille de poursuivre ses études à la Faculté de théologie. Un peu à l'étroit dans leur logement, ils vécurent néanmoins heureux et leur bonheur fut augmenté le 31 mars 2003 par la naissance du petit Grégoire.

Victor étant alors sur le point de terminer ses études de vétérinaire, il partit 3 mois en Afrique du Sud pour accomplir au *Kruger Park* un stage d'observation des léopards (*panthera pardus*) dans la réserve de *Sabi Sand.*

Les retrouvailles des tourtereaux en juillet 2003 furent bien chaleureuses, et dans le petit restaurant du

XIVe arrondissement où il l'avait invitée Victor demanda sa main à Juliette, qui la lui accorda sans hésiter. Ils se marièrent le samedi suivant, et s'installèrent aussitôt dans le petit deux-pièces dont Juliette venait d'hériter.

Juliette avait abandonné ses études et pris un emploi à mi-temps pour se consacrer à l'éducation de Grégoire. La plupart du temps ils attendaient Victor, qui passait de mission en mission dans les réserves naturelles d'Afrique et d'Asie.

Juliette ne tarda pas à s'apercevoir qu'elle attendait de nouveau un heureux événement. Annabelle naquit le 27 mai 2005.

Allergique au soleil et aux moustiques Juliette n'envisageait pas d'accompagner son mari, au grand dam de celui-ci. Mais s'il regrettait la décision de Juliette, il n'envisageait pas non plus de rechercher un poste plus près de son foyer. Au final il passait presque 10 mois sur 12 à l'étranger, et ne revenait que pour passer quelques semaines en famille à Noël et durant l'été. Les années passèrent et chacun parut y trouver son compte, jusqu'à ce que Victor finisse par se convaincre que son bilan carbone était vraiment excessif et qu'il renonce à parcourir le vaste monde. En septembre 2018 il trouva un poste de Chargé de cours à l'École vétérinaire de Maisons-Alfort.

Alors que le couple et la famille allaient enfin pouvoir être réunis, les choses commencèrent à se gâter.

Victor avait beaucoup de mal à s'habituer à la sédentarité, et compensait sa frustration en développant des idées de plus en plus extravagantes. Grand admirateur de Mickael Jackson il commanda sur le modèle de son idole un caisson d'isolation sensorielle, dans lequel il s'enfermait de plus en plus souvent. Juliette fut scandalisée lorsqu'elle apprit que le prix du caisson s'élevait à plus de 32 000 €. Cette annonce la rendit d'autant plus furieuse qu'elle assumait seule l'intégralité des dépenses ménagères, et qu'elle avait de plus en plus à joindre les deux bouts et à nourrir ses deux grands ados.

Quelques mois plus tard, une jeune femme sonna à la porte. Elle s'appelait Nomusa et se présenta comme étant la fille naturelle de Victor, née à Johannesburg le 25 décembre 2003. Victor accueillit cette nouvelle avec une joie qui laissait apparaître son soulagement : il avait toujours craint que Nomusa lui tienne rigueur de son départ, lequel pouvait aisément être interprété comme un abandon.

La semaine suivante, Juliette reçut une lettre recommandée la sommant de payer sous quinzaine la somme de 35 887 €, correspondant au prix du caisson d'isolation sensorielle, augmenté des intérêts de retard.

C'est en trop pour Juliette. Elle vient vous consulter pour vous demander :

Comment faire pour remédier à ses difficultés financières ?

Quel est le fondement juridique de la sommation de payer qu'elle a reçue par lettre recommandée, et quels sont les arguments qu'elle peut y opposer ?

Comment faire pour se débarrasser légalement de Victor ? Juliette vous informe qu'en raison de ses convictions religieuses elle est plutôt opposée au divorce, et qu'elle aimerait trouver une autre solution.

Juliette s'interroge sur la filiation de ses deux enfants, que Victor n'a jamais reconnus. Elle vous avoue qu'elle n'est pas certaine de la paternité de Victor à l'égard d'Annabelle, et que Franck, l'un des amants qu'elle voyait régulièrement pour se consoler des absences de Victor, envisage de reconnaître Annabelle.

Juliette se demande également si elle peut s'opposer à ce que Victor reconnaisse Nomusa.

› *Préparation*

Analyse du sujet

Nous avons choisi de proposer une analyse d'arrêt plutôt qu'une fiche de jurisprudence, qui peut être accomplie de manière mécanique sans mettre en valeur les qualités de l'étudiant, et qui n'évite pas l'écueil de la paraphrase. Certaines questions posées demeurent assez proches de celles qui seraient à traiter dans une fiche de jurisprudence, mais obligent l'étudiant à davantage d'analyse personnelle. D'autres sont des questions de cours.
Le cas pratique est classique, il aborde de façon transversale tous les grands aspects du cours de droit de la famille : mariage, nullité, divorce, filiation. Le sujet n'étant pas difficile à traiter, une attention particulière a été portée à la précision des réponses et à la qualité de l'expression écrite.

› *Corrigé*

I/ Questions sur l'arrêt

1°) La solidarité est un mécanisme qui permet de contraindre un individu à payer la dette d'une autre personne avec laquelle il est juridiquement lié. En matière de mariage ce mécanisme est visé par l'article 220 du Code civil. Cette contrainte est la contrepartie de la liberté accordée à chacun des époux pour passer seul les contrats ayant pour objet l'entretien du ménage ou l'éducation des enfants. Elle permet au créancier, en cas de difficulté de paiement, de réclamer au conjoint de son débiteur l'intégralité du règlement, même si celui-ci n'a pas expressément consenti au contrat.

Cette obligation, autrefois réservée aux époux, a été étendue aux partenaires d'un Pacs par l'article 515-4 du Code civil.

2°) Si la Cour de cassation avait rejeté le pourvoi, le concubin aurait été condamné à payer le solde du prêt à la Société Cetelem. Il aurait ensuite pu tenter de récupérer le remboursement de ces sommes auprès de sa concubine (v. Civ. 1re, 17 juin 2003, n° 01-14-468 : l'article 220 énonce une règle d'obligation vis-à-vis du créancier, mais ne règle pas la contribution finale de chacun des époux).

Sur le plan juridique une telle solution aurait constitué un revirement de jurisprudence puisque la Cour de cassation considère depuis toujours que « l'article 220 n'est pas applicable en cas de concubinage » (v. not. Civ. 1re, 11 janv. 1984).

3°) La décision ne donne aucune information sur l'arrêt d'appel car il n'y a manifestement pas eu d'appel, en raison du montant du litige qui devait être inférieur à 4 000 €. Pour cette raison la décision a été rendue en premier et dernier ressort par le Tribunal d'instance de Confolens.

La seule voie de recours possible était donc le pourvoi en cassation.

4°) Le tribunal d'instance fait référence au fait que le montant de l'emprunt était prélevé sur le compte du concubin pour mettre en évidence le fait que, bien que n'ayant pas personnellement consenti à l'emprunt, celui-ci était nécessairement informé de son existence. N'ayant pas protesté lors du prélèvement des échéances, il est considéré comme ayant tacitement consenti à l'emprunt, ce qui justifie pour le tribunal d'instance qu'il soit solidairement tenu par son remboursement, d'autant que les sommes avaient été empruntées pour les besoins du ménage.

5°) La question de droit à laquelle devait répondre la Cour de cassation était la suivante : le principe de solidarité entre époux prévu par l'article 220 du Code civil s'applique-t-il aux concubins ?

6°) La majeure d'un raisonnement syllogistique est la règle générale à laquelle vont être confrontés les éléments factuels (appelés mineure) afin d'aboutir à la conclusion. En l'espèce la majeure du syllogisme judiciaire est constitué de deux règles de droit qui vont être combinées et interprétées par la Cour de cassation :

– l'article 1310 (ex-1202) du Code civil, dont il ressort que la solidarité ne se présume pas. Il en résulte que, en dehors des cas où elle s'applique de plein droit en vertu d'une disposition légale, il faut qu'elle soit expressément stipulée par les parties ;

– l'article 220 du Code civil, selon lequel la solidarité a lieu de plein droit entre les époux. La Cour de cassation déduit du silence de la loi que cette solidarité ne s'applique pas entre concubins.

La mineure implicite de ce raisonnement est que le litige concerne des concubins.

La Cour de cassation en déduit que le jugement, qui avait appliqué le mécanisme de la solidarité en l'absence de toute loi ou de stipulation particulière, doit être cassé.

II/ Cas pratique

Juliette, qui est confrontée à certaines difficultés financières (A), souhaiterait se débarrasser légalement de Victor sans avoir recours au divorce (B) et s'interroge sur la filiation des trois enfants (C).

A – Les difficultés financières éprouvées par Juliette

Juliette peut d'abord trouver dans son mariage un cadre juridique protecteur. Elle peut ainsi invoquer l'obligation des participer aux charges du mariage, et s'opposer au mécanisme de la solidarité.

1 • La participation de Victor aux charges du mariage

L'un des premiers effets du mariage est de créer entre les époux une communauté d'intérêts moraux et financiers. En vertu de l'article 212 du Code civil, les époux se doivent mutuellement « respect, fidélité, secours et assistance ». Le devoir de secours est un devoir patrimonial qui peut conduire un conjoint à devoir verser une pension alimentaire à son conjoint si celui-ci se trouve dans un état de besoin. Si l'on sait, à la lecture des faits, que Juliette a du mal à assumer complètement les dépenses familiales, il ne semble pas qu'elle soit véritablement dans un état de besoin. En revanche l'article 214 du Code civil peut être déclenché sans que l'état de besoin soit démontré. Cet article met à la charge des conjoints l'obligation de contribuer aux charges du ménage « à proportion de leurs facultés respectives », c'est-à-dire que chacun doit participer à hauteur de ses ressources aux dépenses générées par la vie familiale.

L'alinéa 2 de l'article 214 précise que l'époux qui ne remplit pas ses obligations peut y être contraint par une décision judiciaire.

La jurisprudence admet que la participation aux charges du ménage puisse s'accomplir en nature, par la mise à disposition d'un bien (Civ. 1re, 14 mars 2006, n° 05-15.980), ou par l'accomplissement de travaux ménagers (Cass. 1re, 4 mars 1980, *Bull. civ.* I, n° 76).

En l'espèce le logement familial appartient à Juliette, et compte tenu des fréquentes absences de Victor il semble qu'il n'exécute pas en nature sa contribution aux charges du ménage.

Juliette peut donc demander en justice que son mari soit condamné à lui verser une contribution dont le juge fixera le montant au *prorata* des charges familiales et des revenus de chacun. Victor étant vétérinaire tandis que son épouse est demeurée sans diplôme et exerce son emploi à mi-temps, il est probable que la contribution fixée souverainement à la charge de Victor sera conséquente.

2 • La mise en œuvre de la solidarité entre époux

L'article 220 du Code civil prévoit que toute dette contractée par l'un des époux engage solidairement son conjoint. Juliette et Victor étant mariés, c'est probablement sur le fondement de cet article que le créancier de Victor a envoyé la sommation de payer à Juliette.

Toutefois l'article 220 soumet le jeu de la solidarité à deux conditions qui ne paraissent pas réunies en l'espèce. L'alinéa premier réserve en effet ce mécanisme pour « les contrats qui ont pour objet l'entretien du ménage ou l'éducation des enfants », ce qui n'est pas le cas du caisson d'isolation sensorielle acquis par Victor, dans lequel il semble plutôt se réfugier pour échapper à ses obligations familiales. L'alinéa 2 prévoit quant à lui que la solidarité n'a pas lieu « pour les dépenses manifestement excessives », eu égard « au train de vie du ménage » et « à l'utilité ou l'inutilité de l'opération ». Étant donné le prix élevé du caisson, les difficultés financières éprouvées par Juliette, et l'utilité très relative du caisson, on peut supposer que Juliette n'aura pas de difficulté à convaincre le juge que la demande qui lui est faite n'est pas juridiquement fondée car elle ne remplit pas les conditions posées par l'article 220 du Code civil.

En conclusion Juliette peut, pour remédier à ses difficultés financières, contraindre Victor à participer aux charges du ménage, et refuser de payer la facture qui lui est envoyée pour solder la dette de son mari.

II/ La séparation des époux

Lassée des frasques de son conjoint, Juliette souhaite se séparer de Victor mais ses convictions religieuses la conduisent à refuser d'avoir recours au divorce. Le droit civil lui offre deux possibilités : l'annulation du mariage, et la séparation de corps.

A – L'annulation du mariage

Pour mettre fin au mariage sans demander le divorce il est possible de le faire annuler, dès lors qu'une de ses conditions de validité n'a pas été respectée. À la lecture des faits, deux motifs seraient susceptibles de justifier une annulation du mariage. Tout d'abord le fait que la célébration ait eu lieu « le samedi suivant » la demande de Victor laisse supposer que l'article 64 du Code civil, qui exige que les bans soient publiés en mairie au moins 10 jours avant la célébration, n'a pas été respecté.

Toutefois, le droit positif considère le défaut de publication comme un empêchement simplement « prohibitif », ce qui signifie qu'il n'est pas assez grave pour pouvoir entraîner l'annulation du mariage.

Par ailleurs on pourrait s'interroger sur la possibilité que Juliette invoque une erreur sur les qualités essentielles de Victor (C. civ., art. 180). Toutefois il paraît difficile de considérer que la déception qu'elle a probablement éprouvée en constatant le défaut d'investissement personnel de son époux, et l'existence d'une liaison entretenue en Afrique du sud juste avant sa demande en mariage, constitue à proprement parler une « erreur sur les qualités essentielles » de son conjoint. Le mariage est, en effet, affaire de relations humaines, où les déconvenues sont fréquentes.

On doit surtout rappeler que, lorsqu'elle est démontrée, l'erreur entraîne la nullité relative du mariage. Or, le délai de prescription pour une nullité relative est de cinq ans, et il commence à courir non pas à la découverte de l'erreur comme c'était le cas autrefois, mais au jour de la conclusion du mariage (C. civ., art. 181).

Le mariage de Juliette et Victor ayant eu lieu en 2003, l'action en nullité relative est donc prescrite depuis longtemps.

Reste à Juliette la possibilité de demander la séparation de corps.

B – La séparation de corps

Aux termes de l'article 296 du Code civil, il est possible de demander une séparation de corps dans les mêmes cas et aux mêmes conditions que le divorce. Dans ce cas, le mariage ne sera pas dissous et ses effets perdureront, à l'exception de l'obligation de cohabitation (C. civ., art. 299). Cela permet aux conjoints de vivre séparément sans pour autant divorcer, le juge fixant souverainement la pension alimentaire qui sera éventuellement due en application du devoir de secours (C. civ., art. 303).

Juliette peut donc demander la séparation de corps, en s'appuyant sur les manquements de Victor à son obligation de contribuer aux charges du mariage, ainsi qu'à son obligation de loyauté, celui-ci ayant omis de lui avouer sa relation sud-africaine, dont manifestement il savait qu'elle avait donné naissance à une fille. La jurisprudence issue de l'article 242 du Code civil considère en effet comme fautive la dissimulation de faits antérieurs au mariage, comme par exemple l'existence d'un enfant (Poitiers 26 févr. 1992).

Cette séparation de corps prendra fin soit par la reprise volontaire de la communauté de vie, soit par la demande de conversion en divorce au bout d'un délai de 2 ans (C. civ., art. 306).

III/ La filiation des trois enfants

A – Grégoire

La filiation maternelle de Grégoire est assez simple à déterminer : en vertu de l'article 311-25 du Code civil, la filiation est fixée à l'égard de la mère par la désignation de celle-ci dans l'acte de naissance de l'enfant. En l'espèce il est très vraisemblable que l'acte de naissance de Grégoire désigne Juliette, ce qui établit le lien de filiation maternelle.

La filiation paternelle est plus difficile à déterminer. En effet l'article 310-1 du Code civil prévoit que la filiation peut être établie par l'effet de la loi, par la reconnaissance, ou par la possession d'état constatée par un acte de notoriété.

Or, on sait que Grégoire n'a pas été reconnu par Victor, et que, dans la mesure où il est né avant le mariage de Victor et Juliette, il ne peut bénéficier de la présomption légale de paternité prévue à l'article 312 du Code civil. Reste la possession d'état, définie par l'article 311-2 du Code civil comme un ensemble de faits qui révèlent le lien de parenté entre une personne et la famille à laquelle elle est dite appartenir. Au nombre de ces faits on compte le nom (*nomen*), le comportement réciproque (*tractatus*) et la reconnaissance sociale (*fama*), cette liste n'étant ni cumulative ni exhaustive, et la possession d'état devant en outre être continue, paisible, publique et univoque.

En l'espèce il semblerait que Victor ait toujours considéré et traité Grégoire comme son fils. Le doute pourrait survenir en raison de ses multiples absences, mais les obligations professionnelles peuvent neutraliser le grief de discontinuité que l'on pourrait formuler. Toutefois, si la possession d'état était établie, il resterait encore à vérifier qu'elle a bien été constatée dans un acte de notoriété, ce qui n'apparaît pas à la lecture des faits.

Il est donc possible que Grégoire n'ait pas de filiation paternelle établie.

B – Annabelle

La filiation maternelle d'Annabelle est établie de la même façon que pour Grégoire, son acte de naissance désignant très probablement Juliette comme mère de l'enfant.

Sa filiation paternelle a également été fixée automatiquement par l'effet de la loi. En effet Annabelle est née après le mariage de ses parents, ce qui a déclenché le jeu de la présomption de paternité portée par l'article 312 du Code civil. Victor est donc le père légitime d'Annabelle.

Dans ces conditions, Franck s'il souhaite reconnaître Annabelle, devra au préalable anéantir la paternité de Victor. En effet l'article 320 du Code civil pose un principe chronologique qui empêche l'existence concomitante de deux filiations paternelles. Or la contestation de la paternité est soumise à des conditions posées par l'article 333 du Code civil. Dans la mesure où Victor semble avoir accordé à Annabelle une possession conforme au titre qui lui est conféré par la présomption de paternité, et que cette possession d'état a duré plus de cinq ans, alors nul ne peut plus contester la filiation paternelle d'Annabelle.

Les ambitions paternelles de Franck sont donc sans espoir.

C – Nomusa

Victor est enchanté par l'arrivée de Nomusa et il souhaite la reconnaître. La reconnaissance est définie par l'article 316 du Code civil comme un acte authentique qui n'établit la filiation « qu'à l'égard de son auteur ». On en déduit que la reconnaissance est un acte personnel, qui ne requiert aucune autorisation et auquel nul ne peut s'opposer *a priori*. Juliette, même si elle est concernée en qualité d'épouse de Victor, ne pourra donc empêcher celui-ci de reconnaître la jeune fille.

Juliette pourra toujours tenter la contestation *a posteriori*, dans les conditions posées par l'article 321 du Code civil. En l'absence de possession d'état, l'action en contestation peut être engagée par toute personne y a intérêt, dans le délai de 10 ans à compter de la reconnaissance. Juliette devra alors prouver par tout moyen que Victor n'est pas le père de Nomusa. Comme dans tous les contentieux relatifs à la filiation, la preuve scientifique est de droit sauf s'il existe un motif légitime de ne pas y procéder (Civ. 1re, 28 mars 2000, nº 98-12.806).

En conclusion : Juliette pourra obtenir la contribution de Victor aux charges du mariage, échapper au jeu de la solidarité, et demander la séparation de corps. Elle est susceptible de se retrouver en situation de famille monoparentale à l'égard de Grégoire mais ne pourra espérer que son amant reconnaisse d'Annabelle. Elle ne pourra pas non plus s'opposer à la reconnaissance de Nomusa par Victor, mais pourra tenter de contester le lien de filiation ainsi établi.

La famille

Thème principal

Le couple

Mots-clés

Divorce,
Autorité parentale,
Filiation

› *Cas pratique*

Charlotte de Turckheim a épousé Lorenz de Dietrich sous la pression de leurs familles respectives. Un mariage en grande pompe a été célébré le 20 octobre 2007 entre Charlotte, alors à peine âgée de 19 ans, et Lorenz de 20 ans son aîné. Cette union, sans passion, avait été décidée de longue date par Ernst de Turckheim, père de Charlotte et Gretel de Dietrich, mère de Lorenz pour sceller des liens entre leurs deux familles de nobles protestants.

En 2008, lors de vacances à Cannes, Charlotte est remarquée par Erich Von Stroheim, célèbre cinéaste qui désire tourner un film au Château du Haut-Koenigsbourg. Il la presse d'accepter de jouer le rôle principal de son film « *Les aristos* ». Annonçant cela à son mari, Charlotte déclenche une grande dispute car, être actrice n'est pas jugé convenable pour leur famille, mais n'en faisant qu'à sa tête, elle part tourner le film au printemps 2009.

De retour au domicile conjugal et sermonnée par son père, Ernst de Turckheim, Charlotte accepte de tenir son rang et sa maison. En épouse obéissante, elle met au monde Hansy en février 2011. La naissance de l'enfant resserre un moment les liens du couple, mais Charlotte reçoit d'autres propositions cinématographiques et théâtrales. Voulant vivre sa vie, elle quitte définitivement la maison en janvier 2013 avec Hansy. Lorenz entre dans une colère noire et lui écrit pour lui dire qu'elle n'entendra plus jamais parler de lui. Il la

Sujet donné et corrigé établi par

Isabelle Corpart, Maître de conférences, Université de Haute Alsace

Second semestre 2020-2021

prévient également que, puisqu'elle est partie, elle devra se débrouiller pour élever seule son enfant.

Intermittente du spectacle, Charlotte a aujourd'hui quelques déboires financiers, sa pièce « *La vie de château* » ayant été mal accueillie par le public et son métier étant durement frappé par la Covid-19. Elle a urgemment besoin d'argent pour élever son fils et vous demande quels sont ses recours en la matière. Elle vous précise que Lorenz parle d'introduire une demande en divorce et elle aimerait savoir quelles conséquences cela pourrait avoir pour elle et pour sa demande de pension alimentaire. Elle veut également faire enfin baptiser son fils et veut savoir si elle peut prendre cette décision seule.

Lorenz de Dietrich vit aujourd'hui avec Gertrude Spindler, amie d'enfance qui a été son amour de jeunesse. Gertrude a été mariée avec Othon Bartholdi mais cette union s'est soldée par un échec, Othon passant son temps entre Paris et New York, rêvant de réaliser une statue qu'il appellerait « *La statue de la liberté, de l'égalité et de la fraternité* ». Toujours plongé dans ses rêves chimériques, il en a oublié sa jeune épouse restée à Colmar. Au bout de dix années de séparations, de retrouvailles, de disputes et de relations épisodiques, Othon a annoncé à Gertrude s'être épris de Gustave Eiffel, artiste partageant la même passion que lui. Pour pouvoir vivre librement ensemble à Paris où ils cohabitaient de longue date, il a obtenu en novembre 2002 un divorce par consentement mutuel.

Lors de ce divorce, Gertrude s'est bien gardée de lui dire être devenue la mère d'une petite Adélaïde, née le 1er octobre 2002 alors qu'il était absent. Elle l'a déclarée à l'état civil sous son nom de jeune fille, sans indication du nom de son mari.

Par le plus grand des hasards, Lorenz a revu Gertrude lors de l'enterrement du peintre Tomi Ungerer alors que Charlotte venait de le quitter et leur vieille idylle a redémarré. Très rapidement Gertrude s'est installée chez lui avec Adélaïde et, dès janvier 2014, Lorenz a reconnu la fillette.

La vie étant pleine de surprises, cette année Adélaïde Spindler est partie faire des études à l'École nationale supérieure des beaux-arts à Paris et il se trouve que son professeur de sculpture n'est autre qu'Othon Bartholdi. Ce dernier, intrigué par le physique (trouvant qu'elle ressemble à sa propre mère Suzette) et le nom de sa jeune élève, l'a convoquée pour lui demander si sa mère s'appelle Gertrude. Il lui a alors indiqué avoir été autrefois son époux et, qu'à la réflexion, il a bien passé plusieurs nuits chez elle à Colmar en 2002 tandis qu'il réalisait « *Le Lion de Belfort* ».

Adélaïde vient vous voir parce qu'elle a toujours eu des doutes sur la paternité de Lorenz même si ses parents lui ont dit avoir eu des relations avant sa naissance. Elle vous demande conseil car elle aimerait faire établir sa paternité à l'égard d'Othon. Néanmoins ce dernier n'est pas prêt du tout à devenir père.

› Préparation

Analyse du sujet

Ce cas pratique a pour but de vérifier l'étendue des connaissances des étudiants en droit de la filiation et du couple. Pour traiter cet exercice, ils doivent apporter une réponse claire et argumentée à des questions concrètes, exploitant leur cours et leurs travaux dirigés. Pour ce faire, ils doivent combiner plusieurs problématiques et donner des réponses structurées dans un plan clair et logique, en justifiant leur analyse par des renvois aux règles de droit.

Plan du corrigé

I/ Les difficultés juridiques des époux de Dietrich
A – L'exercice de l'autorité parentale et le versement d'une pension alimentaire par le mari
B – Le versement d'une pension alimentaire par l'ex-mari
II/ Les difficultés juridiques liées à la situation d'Adélaïde
A – La situation actuelle d'Adélaïde
B – La remise en cause éventuelle de la filiation d'Adélaïde

› Corrigé

La copie doit commencer par une brève introduction pour poser les problèmes juridiques après un rappel des faits puis annoncer le plan. Il faut veiller à rédiger un devoir sans faute, sans abréviation et en détaillant les arguments.

En l'espèce, Charlotte de Turckheim mariée très jeune a eu un fils avec Lorenz de Dietrich. Elle a besoin d'argent pour l'élever et il faudra vérifier si le lien de filiation est établi pour en tirer les conséquences concernant l'exercice de l'autorité parentale et l'entretien de l'enfant sous forme de pension alimentaire. Les deux parents sont tenus de subvenir aux besoins de l'enfant quel que soit son âge, même si le couple divorce, point à préciser. Lorenz de Dietrich vit actuellement avec Gertrude Spindler et sa fille Adélaïde. Il convient de clarifier sa filiation pour envisager une éventuelle contestation de la reconnaissance paternelle et l'établissement d'une autre paternité.

Il convient de résoudre les difficultés visant les époux de Dietrich et leur fils Hansi (I) et de préciser la situation juridique d'Adélaïde (II).

I/ Les difficultés juridiques des époux de Dietrich

Charlotte a des difficultés financières pour élever son fils et aimerait savoir comment elle peut se faire aider par Lorentz. Il faut aborder la demande actuelle d'entretien de l'enfant puis voir si le divorce envisagé par son époux a des chances d'aboutir et quelles conséquences en découleraient, notamment pour la pension alimentaire.

A – L'exercice de l'autorité parentale et le versement d'une pension alimentaire par le mari

Charlotte envisage de demander une contribution à son mari mais encore faut-il qu'il soit le père de l'enfant. Si tel est le cas, il doit subvenir aux besoins de l'enfant en vertu de son devoir d'entretien.

1 • La vérification de l'établissement de la filiation paternelle

La filiation maternelle ne pose aucune difficulté à partir du moment où le nom de la mère figure dans l'acte de naissance (C. civ., art. 311-25). Pour la filiation paternelle, le couple s'étant marié en 2007 et Hansi étant né en février 2011, on se réfère au jeu de la présomption de paternité (C. civ., art. 312).

En l'espèce, rien ne permet de revenir sur ce lien de filiation car Lorenz n'a jamais contesté le fait d'être père. De plus, il est impossible de se baser sur le départ de la mère du logement familial pour remettre en cause la possession d'état et contester la filiation. Soit on considère que la possession d'état est douteuse et l'action n'est possible que pendant 10 ans (C. civ., art. 334) si bien qu'elle est prescrite, soit on considère que l'enfant a une filiation établie par un titre corroboré par la possession d'état et l'action n'est possible que dans les 5 ans de la cessation de la possession d'état (C. civ., art. 333), or cela fait plus de 5 ans que le couple s'est séparé et il y a prescription. Lorenz étant le père de l'enfant, il exerce l'autorité parentale et doit subvenir à ses besoins.

2 • L'exercice de l'autorité parentale : accord des parents pour les actes non usuels et devoir d'entretien

Les parents sont l'un et l'autre titulaires de l'exercice de l'autorité parentale. Dès lors, d'une part, un parent ne peut pas décider de faire seul un acte non usuel si bien que pour faire baptiser Hansi, il faudra l'accord des deux parents (C. civ., art. 372-2), d'autre part, les père et mère doivent contribuer ensemble à son entretien et à son éducation (C. civ., art. 371-2).

Comme Lorentz ne s'acquitte pas de son devoir d'entretien, Charlotte, mère de l'enfant est bien en droit de lui réclamer une pension alimentaire pour leur enfant mineur qu'elle élève seule. Comme ils ne vivent plus sous le même toit, le devoir d'entretien doit prendre la forme d'une pension alimentaire, dont le montant est fixé soit d'un commun accord, soit par décision judiciaire et en ce cas, Charlotte, titulaire de l'autorité parentale, devra saisir le juge aux affaires familiales. Si un divorce est prononcé, le juge veillera également à ce versement.

B – Le versement d'une pension alimentaire par l'ex-mari

1 • Le prononcé du divorce

La rupture du couple est sur le point d'être rendue officielle. Même si on peut s'interroger sur le consentement des époux à un mariage arrangé par les familles, une action en nullité est prescrite de longue date (C. civ., art. 181), en revanche les époux peuvent divorcer.

Le couple est séparé de fait de longue date et il n'est pas exclu que Charlotte soit d'accord pour divorcer, raison pour laquelle on pourrait songer à la piste du divorce par consentement mutuel ou du divorce pour acceptation du principe de la rupture. Néanmoins il n'est pas sûr qu'elle accepte, toutefois Lorenz peut utiliser d'autres pistes.

Il peut d'une part invoquer l'abandon du domicile conjugal par son épouse ce qui lui permettrait d'utiliser la voie du divorce pour faute (C. civ., art. 242). Le juge considérera sans doute en ce cas que les deux époux sont fautifs car le mari viole l'obligation de fidélité et ce serait sans doute un divorce aux torts partagés. D'autre part, il peut songer au divorce pour altération définitive du lien conjugal (C. civ., art. 237) car toute cohabitation a cessé entre les époux depuis 2013. Pour autant le prononcé d'un divorce ne changera rien à la question du devoir d'entretien.

2 • Les conséquences du divorce

Hormis dans le cadre d'un divorce par consentement mutuel, le juge est appelé à régler les suites du divorce. Il convient de liquider le régime matrimonial pour partager les biens des époux et si le divorce est prononcé pour faute, d'envisager le versement d'une prestation compensatoire au profit de l'épouse qui rencontre des difficultés financières. Toutefois le juge peut refuser d'accorder cette prestation à l'époux aux torts exclusifs duquel le divorce est prononcé (C. civ., art. 270).

En revanche, cela ne changera rien au versement d'aliments dus par le père à son fils (C. civ., art. 373-2-2) car la coparentalité est maintenue entre parents séparés.

II/ Les difficultés juridiques liées à la situation d'Adélaïde

La filiation paternelle d'Adélaïde est à clarifier car ce lien de filiation a été établi longtemps après la naissance et il risque à nouveau d'être modifié. Il faut donc clarifier la situation de l'enfant avant d'envisager des modifications éventuelles.

A – La situation actuelle d'Adélaïde

1 • Au moment de sa naissance

En principe, un enfant né dans le mariage est couvert par la présomption de paternité (C. civ., art. 312). Gertrude Spindler et Othon Bartholdi étaient effectivement encore mariés au moment de la naissance d'Adélaïde en octobre 2002, alors que leur divorce a été prononcé seulement un mois plus tard.

Le couple rencontrait cependant des difficultés à cette époque et les époux ne vivaient plus ensemble. Dans ce contexte, Gertrude a préféré cacher sa grossesse et son accouchement à son mari. Au moment de la naissance, elle a utilisé la voie de l'article 313 pour déclarer l'enfant sous le nom de Spindler, sans indication du nom de son époux. Ce dernier ignore tout de l'existence de l'enfant qui n'a donc aucune possession d'état à son égard. Comme la présomption de paternité est écartée, à sa naissance, Adélaïde n'a de lien de filiation qu'à l'égard de sa mère, mentionnée dans l'acte de naissance (C. civ., art. 311-25).

2 • Après la reformation du couple Gertrude et Lorenz

Comme Adélaïde n'avait pas de filiation paternelle, Lorenz reprenant la vie commune avec sa mère a choisi de faire une reconnaissance d'enfant en 2014 (C. civ., art. 316). Il s'agit probablement d'une reconnaissance de complaisance mais l'officier d'état civil n'a aucune vérification préalable à faire pour enregistrer la paternité. On notera aussi qu'une reconnaissance tardive n'a pas d'effet automatique sur le nom de l'enfant. Depuis cette date, Adélaïde est la fille de Gertrude et de Lorenz, le fait que ce dernier soit encore marié avec Charlotte n'ayant aucune incidence.

Les choses risquent de changer car Adélaïde vient de faire la connaissance d'Othon Bartholdi qui a été intrigué par sa ressemblance avec sa propre mère et par le nom de famille de son élève. Après discussion, Adélaïde a découvert qu'Othon a été le mari de sa mère et que leur divorce n'a été prononcé qu'après sa naissance. Elle songe à faire établir sa paternité à l'égard d'Othon mais pour cela, il faut d'abord pouvoir contester la paternité de Lorenz.

B – La remise en cause éventuelle de la filiation d'Adélaïde

1 • L'établissement de la filiation paternelle à l'égard d'Othon

Les faits laissent penser qu'Othon pourrait être le père biologique d'Adélaïde : le mariage n'était pas dissous lors de sa conception, le couple s'est rencontré durant la période légale de conception et on note une ressemblance physique entre l'intéressée et la mère d'Othon.

Il faut écarter la piste d'une reconnaissance volontaire par Othon car on nous indique qu'il n'est pas prêt à devenir père. De plus, Adélaïde ne pourrait pas utiliser la piste de l'action en recherche de paternité (C. civ., art. 327) car sa mère était encore mariée avec Othon à cette époque si bien qu'on ne peut pas établir une paternité hors mariage. Elle pourrait en revanche se prévaloir de l'action en rétablissement de la paternité (C. civ., art. 329) à condition que cette action soit recevable. En effet, « tant qu'elle n'a pas été contestée en justice, la filiation légalement établie fait obstacle à l'établissement d'une autre filiation qui la contredirait » (C. civ., art. 320) et la vérité biologique est alors écartée au nom de la paix des familles. Il faut donc commencer par vérifier si une action en contestation la reconnaissance faite par Lorenz est envisageable.

2 • La contestation de la filiation paternelle de Lorenz

Adélaïde est majeure et elle peut intenter une action en contestation de la reconnaissance faite en 2014 par Lorenz, en rapportant la preuve que l'auteur de la reconnaissance n'est pas son père (C. civ., art. 332, al. 2), mais encore faut-il que l'action soit recevable.

Pour apprécier le délai, il faut se reporter à l'article 333 du Code civil qui rend l'action irrecevable quand le titre, à savoir la reconnaissance, est conforme à la possession d'état, or tout laisse penser que Lorenz s'est comporté en véritable père. Les éléments constitutifs de la possession d'état sont donc réunis et la contestation de la filiation paternelle ne pourra pas aboutir.

En effet, en l'espèce, il n'a pas été mis fin à la possession d'état qui dure depuis plus de 5 ans et, en ce cas, Adélaïde ne peut pas agir car « nul ne peut contester la filiation lorsque la possession d'état conforme au titre a duré au moins 5 ans depuis la naissance ou la reconnaissance » (C. civ., art. 333, al. 2). Comme elle ne peut pas remettre en cause la paternité de Lorenz, il lui est impossible d'établir celle d'Othon.

La famille

› *Cas pratique*

Thème principal

Le divorce

Mots-clés

Résidence des enfants de parents séparés, Logement familial, Filiation

Résoudre le cas pratique suivant en veillant bien à répondre aux questions posées et à fonder juridiquement vos propos.

Jean-Paul Castaldi vient vous consulter. Son épouse Marlène l'a quitté après douze années de vie commune. Elle a emmené avec elle les deux enfants du couple (Sylvain âgé de 12 ans et Hélène de 5 ans) et souhaite obtenir rapidement un divorce par consentement mutuel. Jean-Paul a bien conscience que le divorce est inévitable mais il ne sait pas comment préserver au mieux son avenir et celui de ses enfants. Il ne supporte pas l'idée de ne voir Sylvain et Hélène que le week-end et souhaite conserver avec lui la résidence familiale. Mais Jean-Paul se heurte au refus de son épouse qui veut absolument garder les enfants avec elle. En outre, elle ne cesse de lui rappeler qu'elle est seule propriétaire du logement familial qu'elle a hérité de sa tante. Jean-Paul se demande s'il peut être intéressant d'aller devant le juge pour divorcer. Cela lui permettra-t-il de voir ses enfants plus d'un week-end par semaine et de continuer à habiter la maison familiale ? *(sur 12 points)*

Jean-Paul en profite pour vous exposer le problème que connaît son frère Laurent. Celui-ci est marié à Justine. Il vient d'apprendre que son fils, Christopher, qui a eu 8 ans le 30 mars dernier, a été déclaré à l'état civil au seul nom de sa femme (malade le jour de la naissance, il n'avait pu se déplacer à la mairie et c'est la mère de Justine qui avait gentiment proposé d'aller

Sujet donné et corrigé établi par

Ingrid Maria, Professeur, Université de Grenoble-Alpes

Second semestre 2020-2021

déclarer l'enfant...) ! Laurent est abasourdi d'autant plus qu'il élève Christopher depuis sa naissance. Il se demande si juridiquement il est le père de Christopher *(sur 8 points)*.

› *Préparation*

Analyse du sujet

Ce cas se scindait en deux parties qui pouvaient tout à fait être traitées distinctement comme dans ce corrigé. D'une part, il était question des règles relatives au choix du divorce et à ses conséquences quant aux enfants et au logement de famille. D'autre part, il fallait connaître les règles d'établissement de la filiation dans le mariage.

I/ 1re partie du cas *(sur 12 points)*

Marlène a quitté le domicile conjugal avec les deux enfants du couple et souhaite un divorce par consentement mutuel. Les époux ne sont d'accord ni sur la résidence des enfants, ni sur l'attribution de la résidence familiale. Son époux, Jean-Pierre, se demande s'il a intérêt à aller devant le juge.

Ces faits conduisent à s'interroger, d'abord, sur le cas de divorce adéquat lorsque les époux sont en désaccord sur la résidence de l'enfant et l'attribution logement familial (1), ensuite, sur la résidence des enfants (2) et, enfin, sur l'attribution du logement conjugal (3).

A – Le cas de divorce *(6 points)*

Aux termes de l'article 229 du Code civil, il existe quatre cas de divorce en droit français : le divorce par consentement mutuel, le divorce accepté, le divorce pour altération définitive du lien conjugal et le divorce pour faute.

Le divorce par consentement mutuel est, par principe, déjudiciarisé puisqu'il se fait par le biais d'un acte d'avocat enregistré au rang des minutes d'un notaire (C. civ., art. 229-1 et s.). Il suppose un accord entier des époux tant sur le principe du divorce que sur les conséquences celui-ci. En l'espèce, si les époux semblent s'accorder pour divorcer, ils sont en parfait désaccord sur la résidence des enfants et sur l'attribution du logement familial. Aussi Marlène ne peut-elle *a priori* avoir recours à ce type de divorce sauf à ce que les avocats des deux époux parviennent à obtenir un compromis ce qui paraît peu probable au regard des faits.

Le divorce pour faute est visé à l'article 242 du Code civil et suppose une violation grave ou renouvelée des obligations du mariage. En l'espèce, Marlène a manqué au devoir de communauté de vie conjugale (devoir posé à l'article 215, C. civ.) en quittant le domicile. Toutefois, on peut douter de la gravité de cette faute isolée. En outre, le divorce pour faute est souvent long et peu apaisant pour le couple. Aussi n'est-il généralement pas conseillé d'y recourir sauf raison spécifique invoquée par les époux.

Le divorce pour altération définitive du lien conjugal est prévu aux articles 237 et 238 du Code civil et nécessite une séparation de fait d'un an à compter du jour de la demande en divorce lorsque les motifs du divorce figurent dans la demande et un an au jour du prononcé du divorce lorsque ces motifs ne figurent pas dans la demande. En l'espèce, les époux sont séparés sans que l'on sache exactement depuis combien de temps. Ce cas de divorce pourrait leur convenir à condition, toutefois, qu'ils attendent que ce délai d'un an soit écoulé ce qui peut leur paraître long s'ils ont hâte de divorcer.

Enfin, le divorce accepté est prévu aux articles 233 et 234 du Code civil. Il suppose une acceptation du principe de la rupture du mariage ; un désaccord éventuel sur les effets du divorce n'empêchant pas de recourir à cette procédure, les effets étant alors fixés par le juge. Ce cas est celui qui paraît le plus correspondre aux besoins de Jean-Pierre. C'est donc ce divorce qui est à conseiller à Jean-Pierre.

Pour conclure et répondre directement à la question de Jean-Pierre, il n'est pas intéressant d'aller devant le juge mais absolument nécessaire d'y recourir puisque le divorce par consentement mutuel qui est le seul divorce sans juge n'est pas envisageable au regard des désaccords des époux.

B – La résidence des enfants *(3 points)*

Jean-Pierre peut-il voir ses enfants plus d'un week-end par semaine ?

L'article 373-2-9 consacre le principe de la résidence alternée. Toutefois, cette alternance n'est pas une obligation pour le juge qui ne la consacrera que si les conditions pour celle-ci sont remplies :

une résidence de chaque parent assez proche l'une de l'autre, un âge adéquat pour les enfants (il a été démontré que la résidence alternée correspondait plutôt aux enfants âgés de 5 à 12 ans) et une entente correcte entre les parents. Évidemment, la décision est prise dans l'intérêt des enfants étant entendu que l'article 388-1 permet de les entendre s'ils disposent d'un discernement suffisant. En l'espèce, seul le fils âgé de 12 ans pourra éventuellement être entendu par le juge, sa sœur étant encore trop jeune pour être considérée comme ayant un discernement suffisant. Nous ne disposons pas de beaucoup d'indications au-delà de l'âge des enfants en l'espèce. Aussi le juge pourra tout à fait envisager une résidence alternée si les parents n'habitent pas très loin l'un de l'autre et s'ils s'entendent plutôt bien. Dans le cas contraire, il sera fait application de l'article 373-2-9, alinéa 3, du Code civil : la résidence principale sera fixée chez l'un des parents et un droit de visite et d'hébergement sera accordé à l'autre.

C – L'attribution du logement familial *(3 points)*

Jean-Pierre voudrait continuer à occuper la résidence familiale alors que celle-ci appartient à sa femme puisqu'elle a été reçue en héritage. Se pose donc le problème suivant : un homme peut-il continuer à occuper la résidence familiale après le divorce si celle-ci appartient en propre à son ex-épouse ?

L'article 285-1 du Code civil prévoit que le juge peut, après le divorce, obliger l'époux propriétaire à concéder un bail à son ex-conjoint lorsque trois conditions sont réunies : cet époux exerce seul ou en commun l'autorité parentale ; un ou plusieurs enfants résident habituellement dans ce logement ; l'intérêt des enfants commande une telle solution. Le juge fixe la durée de ce bail forcé et peut le renouveler jusqu'à la majorité du plus jeune des enfants. Il pourra également le résilier si des circonstances nouvelles le justifient.

En l'espèce, si Jean-Pierre obtient une résidence alternée, il pourra se prévaloir de ce texte pour continuer à vivre dans le logement familial. La possibilité d'occuper la résidence familiale dépend donc de la décision judiciaire relative à la résidence des enfants.

II/ 2e partie du cas *(sur 8 points)*

Un enfant, âgé de huit ans, est né de parents mariés mais est déclaré à l'état civil sous le seul nom de la mère. Le père s'en occupe depuis sa naissance (depuis 8 ans donc).

Se pose le problème suivant : le mari de la mère est-il le père de l'enfant qu'il élève depuis sa naissance bien que seul le nom de la mère figure sur l'acte de naissance ? *(sur 1 point)*

Selon l'article 312 du Code civil, le mari de la mère est présumé être le père de l'enfant né pendant le mariage. Toutefois, cette présomption de paternité est écartée par l'article 313 du même code « lorsque l'acte de naissance de l'enfant ne désigne pas le mari en qualité de père ». En l'espèce, l'enfant n'a pas été déclaré comme né du mari de la mère. Aussi est-on typiquement dans le cas visé par l'article 313 et la présomption de paternité du mari de la mère est écartée *(sur 2 points)*.

Toutefois, selon l'article 314 du Code civil, cette présomption est rétablie de plein droit « si l'enfant a la possession d'état à l'égard du mari et s'il n'a pas une filiation paternelle déjà établie à l'égard d'un tiers ». En l'espèce, il n'y a pas d'autre filiation paternelle établie. Reste à savoir si Laurent, le mari de la mère, a la possession d'état de père à l'égard de l'enfant Christopher *(sur 2 points)*. Selon l'article 311-1 du Code civil, la possession d'état se caractérise par la réunion de plusieurs éléments qu'on résume généralement en disant qu'il faut le nom, le traitement et la renommée. En l'espèce, on sait que Laurent élève Christopher comme son fils depuis 8 ans. Cela suffit à démontrer qu'il y a possession d'état. En outre, cette possession n'est pas contestée ; elle est, conformément à l'article 311-2 du Code civil, paisible, publique et non équivoque *(sur 2 points)*. Par conséquent il y a une possession d'état efficace et la présomption de paternité est rétablie de plein droit conformément à l'article 314 du Code civil. En d'autres termes, Laurent est bien le père de Christopher aux yeux de la loi *(sur 1 point)*.

La famille

› 1. *Analyse d'arrêt : Civ. 1re, 2 décembre 2020, n° 19-20279*

Thème principal

L'établissement de la filiation par possession d'état

Mots-clés

Filiation, Établissement, Prescription, Divorce, Preuve en matière de divorce

Faits et procédure

1. Selon l'arrêt attaqué (Aix-en-Provence, 16 mai 2019), Mme W..., née le [...], a, par acte d'huissier de justice du 15 avril 2016, assigné le procureur de la République près le tribunal de grande instance de Marseille aux fins de voir établir, par la possession d'état, sa filiation paternelle à l'égard de Y... D..., décédé accidentellement le jour de sa naissance. Mme U..., sœur du défunt, ainsi que ses neveu et nièce, M. V... et Mme V..., sont intervenus volontairement à l'instance.

Examen du moyen

Énoncé du moyen

2. Mme W... fait grief à l'arrêt de déclarer irrecevable son action en établissement de filiation paternelle par possession d'état, alors :

« 1°/ que lorsque le demandeur ne connaît pas l'existence ou l'identité des personnes qui ont successivement qualité pour défendre à une action en reconnaissance d'un lien de filiation avant que n'expire le délai de prescription, il peut diriger son action contre celle qui, selon l'ordre fixé par l'article 328 du Code civil, lui succède comme étant habilitée à défendre à l'action ; que l'assignation délivrée contre cette dernière interrompt alors le délai de prescription ; qu'en l'espèce, la cour d'appel a jugé que l'assignation en reconnaissance d'un lien de filiation par possession d'état à

Sujet donné et corrigé établi par

Élodie Noël, ATER, Université de Caen-Normandie

Second semestre 2020-2021

l'égard de Y... D... délivrée par Mme W... au procureur de la République près le tribunal de grande instance de Marseille n'avait pu interrompre le délai de prescription dès lors qu'elle aurait dû être dirigée contre les héritiers de Y... D... qui n'avaient pas renoncé à la succession ; qu'en statuant ainsi, sans rechercher si Mme W... pouvait connaître ses héritiers au jour de son assignation, la cour d'appel a privé sa décision de base légale au regard des articles 321, 328, 330, 2241 et 234 du Code civil, 6 et 8 de Convention de sauvegarde des droits de l'homme et des libertés fondamentales et du principe suivant lequel chacun a le droit de connaître ses origines ;

2°/ que l'impossibilité pour une personne de faire reconnaître son lien de filiation paternelle constitue une ingérence dans l'exercice du droit au respect de sa vie privée et familiale garanti par l'article 8 de la Convention de sauvegarde des droits de l'homme et des libertés fondamentales ; que si la prescription des actions relatives à la filiation est prévue par la loi et poursuit un but légitime en ce qu'elle tend à protéger les droits des tiers et la sécurité juridique, l'application des règles procédurales selon lesquelles l'action doit être formée ne doit pas conduire à porter une atteinte disproportionnée au droit à la vie privée et familiale du demandeur ; qu'en l'espèce, la cour d'appel, qui s'est abstenue de rechercher, au regard des circonstances propres du litige et de la situation de Mme W..., si le fait que celle-ci ait assigné l'État au lieu des héritiers, alors que le premier était désigné par le texte comme étant un potentiel défendeur, justifiait qu'elle fût privée du droit de faire reconnaître sa filiation sans qu'il en résulte une atteinte disproportionnée au droit au respect de sa vie privée et familiale, a privé sa décision de base légale au regard de l'article 8 de la Convention de sauvegarde de droits de l'homme et des libertés fondamentales. »

Réponse de la Cour

3. Selon l'article 330 du Code civil, la possession d'état peut être constatée, à la demande de toute personne qui y a intérêt, dans le délai de dix ans à compter de sa cessation ou du décès du parent prétendu.

4. Selon l'article 321 du même code, sauf lorsqu'elles sont enfermées par la loi dans un autre délai, les actions relatives à la filiation se prescrivent par dix ans à compter du jour où la personne a été privée de l'état qu'elle réclame, ou a commencé à jouir de l'état qui lui est contesté. À l'égard de l'enfant, ce délai est suspendu pendant sa minorité.

5. L'ordonnance n° 2005-759 du 4 juillet 2005, entrée en vigueur le 1er juillet 2006, a, pour l'action en constatation de la possession d'état, substitué au délai de prescription trentenaire un délai de prescription décennale.

6. Selon l'article 2222 du Code civil, en cas de réduction de la durée du délai de prescription, le nouveau délai court à compter du jour de l'entrée en vigueur de la loi nouvelle, sans que la durée totale puisse excéder la durée prévue par la loi antérieure.

7. Il résulte de l'article 328, alinéa 3, du même code que l'action en recherche de paternité ou de maternité est exercée contre le parent prétendu ou ses héritiers et que ce n'est qu'à défaut d'héritiers, ou si ceux-ci ont renoncé à la succession, qu'elle est dirigée contre l'État.

8. Aux termes de l'article 8 de la Convention de sauvegarde des droits de l'homme et des libertés fondamentales, 1. Toute personne a droit au respect de sa vie privée et familiale, de son domicile et de sa correspondance ; 2. Il ne peut y avoir ingérence d'une autorité publique dans l'exercice de ce droit que pour autant que cette ingérence est prévue par la loi et qu'elle constitue une mesure qui, dans une société démocratique, est nécessaire à la sécurité nationale, à la sûreté publique, au bien-être économique du pays, à la défense de l'ordre et à la prévention des infractions

pénales, à la protection de la santé ou de la morale, ou à la protection des droits et libertés d'autrui.

9. Ces dispositions sont applicables en l'espèce dès lors que, selon la jurisprudence de la Cour européenne des droits de l'homme, le droit à l'identité, dont relève le droit de connaître et de faire reconnaître son ascendance, fait partie intégrante de la notion de vie privée.

10. Si l'impossibilité pour une personne de faire reconnaître son lien de filiation paternelle constitue une ingérence dans l'exercice du droit au respect de sa vie privée, cette ingérence est, en droit interne, prévue par la loi, dès lors qu'elle résulte de l'application des textes précités du Code civil, qui définissent de manière claire et précise les conditions de prescription des actions relatives à la filiation, cette base légale étant accessible aux justiciables et prévisible dans ses effets.

11. Elle poursuit un but légitime, au sens du second paragraphe de l'article 8 précité, en ce qu'elle tend à protéger les droits des tiers et la sécurité juridique.

12. Les délais de prescription des actions aux fins d'établissement de la filiation paternelle ainsi fixés par la loi, qui laissent subsister un délai raisonnable pour permettre à l'enfant d'agir après sa majorité, constituent des mesures nécessaires pour parvenir au but poursuivi et adéquates au regard de cet objectif.

13. Cependant, il appartient au juge d'apprécier si, concrètement, dans l'affaire qui lui est soumise, la mise en œuvre de ces délais légaux de prescription ne porte pas une atteinte disproportionnée au droit au respect de la vie privée de l'intéressé, au regard du but légitime poursuivi et, en particulier, si un juste équilibre est ménagé entre les intérêts publics et privés concurrents en jeu.

14. L'arrêt relève que Mme W... a mal dirigé ses demandes lorsqu'elle a assigné le procureur de la République le 15 avril 2016 et que cette assignation n'a pu interrompre, à l'égard des héritiers de Y... D..., le

délai de prescription qui a expiré le 1er juillet 2016. Il ajoute qu'elle a bénéficié d'un délai de quarante-cinq années, dont vingt-sept à compter de sa majorité, pour exercer l'action en établissement de sa filiation paternelle.

15. De ces constatations et énonciations, la cour d'appel a pu, sans être tenue de procéder à une recherche que ces constatations rendaient inopérante, déduire que le délai de prescription qui lui était opposé respectait un juste équilibre et qu'il ne portait pas, au regard du but légitime poursuivi, une atteinte disproportionnée au droit au respect de sa vie privée et familiale.

16. Le moyen, irrecevable en sa première branche comme proposant une argumentation incompatible avec celle que Mme W... a développée devant la cour d'appel en soutenant avoir entretenu avec les héritiers de Y... D... des relations régulières pendant de nombreuses années, n'est donc pas fondé pour le surplus.

PAR CES MOTIFS, la Cour : REJETTE le pourvoi.

› 2. *Cas pratique*

Résoudre le cas pratique suivant. Vos réponses doivent être détaillées et justifiées.

Les époux Dauvert sont mariés depuis le 7 août 2007. Deux enfants sont nés de cette union : Maxime en 2010 et Florence en 2012. Monsieur Dauvert est ingénieur dans le domaine du traitement de l'eau et Madame Dauvert exerce la profession d'infirmière à titre libéral.

En janvier 2021, Monsieur Dauvert souhaite divorcer. Il reproche à son épouse de négliger son foyer et ses enfants. Il produit à l'appui de ses allégations une attestation de sa mère relatant les propos tenus par les deux enfants du ménage, se plaignant du manque de disponibilité de leur mère ; une lettre adressée à sa femme par sa belle-mère, lettre dans laquelle cette dernière reproche à sa fille de négliger son mari. Monsieur Dauvert affirme avoir trouvé cette lettre dans un tiroir du bureau de sa femme alors qu'il cherchait un agenda ou un planning de l'emploi du temps de son épouse. Il produit enfin deux attestations d'amis de la famille relatant les nombreuses disputes du couple au sujet des horaires de travail de Madame Dauvert.

Madame Dauvert entend s'opposer à cette demande en divorce. Elle est, en effet, toujours très amoureuse de son mari et envisage d'aménager son emploi du temps afin de passer davantage de temps avec son mari et ses enfants.

Conseillez-les utilement.

› Préparation

Analyse du sujet

D'une durée de trois heures, ce sujet est composé d'une analyse d'arrêt ainsi que d'un cas pratique. Le premier exercice permet de vérifier la bonne maîtrise méthodologique de l'analyse d'un arrêt relatif à l'établissement judiciaire de la filiation paternelle par possession d'état. Le cas pratique est lui relatif à une autre notion fondamentale en droit de la famille, la dissolution du mariage. L'étudiant doit ici identifier les fondements les plus opportuns pour mettre fin au mariage tout en analysant la recevabilité de moyens de preuve.

› Corrigé

I/ L'analyse d'arrêt

L'arrêt est relatif à l'établissement de la filiation paternelle par possession d'état.

Dans les faits, un enfant (Mme W) souhaite voir sa filiation par possession d'état établie à l'égard de son père prétendu (Y… D…) décédé le jour de sa naissance.

L'enfant assigne le procureur de la République, par acte huissier le 15 avril 2016, devant le tribunal de grande instance de Marseille afin de voir la filiation paternelle par possession d'état reconnue.

La sœur du père prétendu (Mme U) ainsi que ses neveu et nièce (M. V et Mme V) interviennent volontairement à l'instance.

Un arrêt est rendu par la cour d'appel d'Aix-en-Provence le 16 mai 2019.

La cour d'appel déclare l'action de Mme W irrecevable.

La cour d'appel énonce que le délai de prescription de l'action en établissement de la possession d'état n'avait pas été interrompu dans la mesure où, l'enfant a assigné le procureur de la République et non les héritiers du père prétendu. Dès lors, l'action en établissement de la filiation paternelle était prescrite depuis le 1er juillet 2016.

En outre, la cour d'appel énonce que le demandeur a bénéficié d'un délai suffisant pour exercer son action en établissement de la filiation paternelle puisqu'elle disposait d'un délai de 45 ans dont 27 ans à compter de sa majorité.

L'enfant forme le pourvoi en cassation.

Dans un premier temps, l'enfant énonce que si l'identité des défendeurs à l'action en établissement de la filiation n'est pas connue, l'action est alors dirigée contre le procureur de la République en application de l'article 328 du Code civil. Cette action dirigée contre le procureur de la République interrompt alors le délai de prescription. Qu'en considérant que l'action était prescrite, la cour d'appel a privé sa décision de base légale au regard des articles 321, 328, 330, 2241 et 234 du Code civil ainsi que les articles 6 et 8 de la convention de sauvegarde des droits de l'homme et des libertés fondamentales (Conv. EDH).

Dans un second temps, l'enfant énonce que l'impossibilité de voir reconnaître son lien de filiation constitue une atteinte au droit au respect de la vie privée et familiale garanti par l'article 8 Conv. EDH. Il ajoute que les règles de la prescription permettent de protéger les droits des tiers et la sécurité juridique. Pour autant, ces règles ne doivent pas porter une atteinte disproportionnée au droit à la vie privée et familiale du demandeur à l'action. Or, la cour d'appel, en ne constatant pas une atteinte disproportionnée audit droit, a privé sa décision de base légale au regard de l'article 8 Conv. EDH.

Les règles relatives à la prescription d'une action en établissement de la filiation par possession d'état portent-elles une atteinte disproportionnée au droit au respect de la vie privée et familiale ?

La première chambre civile de la Cour de cassation le 2 décembre 2020 rejette le pourvoi.

La Cour de cassation, après avoir rappelé le contenu des articles 330, 321, 328, 2222 du Code civil, 8 de la Conv. EDH ainsi que l'ordonnance du 4 juillet 2005, opère un contrôle de proportionnalité au même titre que la cour d'appel.

Elle vérifie si les délais de prescription en matière d'établissement de la filiation poursuivent un but légitime et ne portent pas une atteinte disproportionnée au droit au respect de la vie privée et familiale prévu par l'article 8 Conv. EDH. Il convient de vérifier si un équilibre est établi entre les intérêts en présence, la protection des droits des tiers et la sécurité juridique ainsi que le droit de voir sa filiation établie.

II/ Questions

1° Quelle action en justice est ici entreprise ? Quel en est le fondement juridique ?

L'action entreprise est une action judiciaire en constatation de la possession d'état sur le fondement de l'article 330 du Code civil.

Le demandeur voit son action écartée pour deux raisons.

L'enfant a assigné le procureur de la République afin de voir établir sa filiation paternelle par possession d'état à l'égard du père prétendu. Or, l'enfant aurait dû assigner les héritiers du père prétendu en application de l'article 328 dès lors qu'ils n'avaient pas renoncé à la succession.

2° Pourquoi le défendeur échoue-t-il ?

La saisine du procureur de la République n'a pas interrompu le délai de prescription de 30 ans de l'action en établissement de la filiation. Or, l'action s'est prescrite le 1er juillet 2016, la filiation de Mme W ne peut plus être établie à l'égard d'Y… D… En outre, s'il existe un droit à voir sa filiation établie, les règles de prescription poursuivent un but légitime, celui de la protection des droits des tiers et de la sécurité juridique, et ne portent pas une atteinte disproportionnée au droit au respect de la vie privée et familiale au sens de l'article 8 Conv. EDH. En effet, le demandeur disposait d'un délai de 45 ans pour établir sa filiation dont 27 à compter de sa majorité.

3° Quel contrôle opère la Cour de cassation. Expliquez.

La Cour de cassation opère un contrôle de proportionnalité. Il s'agit du contrôle exercé par une juridiction et consistant à vérifier concrètement que l'application d'une règle de droit interne ne conduit pas à porter une atteinte disproportionnée à un droit fondamental garanti par une convention internationale.

III/ Cas pratique

Sur quel(s) fondement(s) le divorce peut-il être demandé ?

L'article 229 du Code civil énonce quatre fondements limitatifs sur lesquels il est possible de demander le divorce : le divorce par consentement mutuel, le divorce accepté, le divorce pour altération définitive du lien conjugal et le divorce pour faute.

Au sens de l'article 229-1 du Code civil, le divorce par consentement mutuel nécessite un accord des époux sur le principe de la rupture ainsi que sur l'ensemble des conséquences.

En l'espèce, M. Dauvert souhaite divorcer contrairement à Mme Dauvert qui s'y oppose, et souhaite faire des efforts afin d'améliorer la situation de son couple.

Par conséquent, il convient d'écarter le divorce par consentement mutuel.

Au sens de l'article 233 du Code civil, le divorce peut être demandé par les époux s'ils sont d'accord sur le principe de la rupture sans qu'un accord sur ses conséquences ne soit trouvé.

Au même titre que le divorce par consentement mutuel, seul l'époux est d'accord pour divorcer. Il convient d'écarter le divorce pour acceptation du principe de la rupture du mariage.

L'article 237 du Code civil dispose que les époux peuvent divorcer si le lien conjugal est définitivement altéré. Cette altération suppose une séparation depuis au moins un an au jour de l'assignation en divorce (art. 238).

En l'espère, rien ne nous indique que les époux aient cessé de vivre ensemble, il convient d'écarter le divorce sur ce fondement.

Enfin, l'article 242 du Code civil dispose que le divorce pour faute peut être demandé si quatre conditions cumulatives sont réunies :

Une violation d'une des obligations du mariage au sens des articles 212 à 215 du Code civil

L'article 212 énonce que les époux se doivent respect, fidélité, secours et assistance.

L'assistance peut être entendue comme un soutien moral dans la vie quotidienne, par une obligation mutuelle dans l'entretien du foyer.

En l'espèce, M. Dauvert indique que son épouse a délaissé ses enfants et son foyer. Madame a donc violé son obligation d'assistance.

En outre, l'article 213 du Code civil dispose que les époux doivent assurer ensemble la direction morale et matérielle de la famille. Ils pourvoient ensemble à l'éducation des enfants.

Dans les faits, Madame Dauvert néglige ses enfants en raison de son travail trop prenant. Elle ne participe donc plus à l'éducation de ses enfants.

Une violation grave ou renouvelée

Il semble que cette situation dure depuis un moment. La violation est donc grave mais aussi renouvelée.

Imputable à l'un des époux

Il s'agit de Mme Dauvert, épouse de M. Dauvert qui a violé les obligations résultant du mariage. Ces violations semblent pouvoir lui être imputées.

Rendant intolérable le maintien de la vie commune

En l'espèce, la situation pèse sur M. Dauvert qui ne souhaite pas continuer ainsi. De fait, la violation des obligations par Mme Dauvert rend bien intolérable le maintien de la vie commune.

L'ensemble des conditions au titre de la recevabilité du divorce pour faute sont bien réunies, M. Dauvert pourra demander le divorce sur ce fondement.

Cependant se pose la question de la preuve de la faute cause de divorce.

En effet, M. Dauvert fournit plusieurs éléments de preuve pour caractériser la faute de son épouse.

Sur ce point, l'article 259 du Code civil énonce que les faits invoqués au titre de la demande en divorce peuvent être prouvés par tous moyens.

L'alinéa 2 précise que les descendants ne peuvent jamais être entendus sur les éléments invoqués par les époux.

Or, M. Dauvert souhaite produire à l'appui de sa demande une attestation de sa mère relatant les propos tenus par les enfants du couple.

Au sens de l'article précité, la production de telles attestations ne peut être recevable pour appuyer la demande en divorce pour faute de M. Dauvert. En effet, les témoignages des descendants, même indirects, doivent être déclarés irrecevables.

De plus, il ressort d'un arrêt Civ. 1re du 3 novembre 2004 que doit être écartée, l'attestation émanant de la mère de l'épouse et relatant des propos tenus par ses petits-enfants.

En conséquence, M. Dauvert ne pourra pas prouver la faute de sa femme grâce à cette attestation.

M. Dauvert souhaite également fournir comme preuve une lettre adressée par sa belle-mère à sa femme précisant qu'elle négligeait son mari.

M. Dauvert souhaite produire une attestation d'amis de la famille ayant assisté à de nombreuses disputes du couple.

Au sens de l'article 259 la preuve peut être rapportée par tous moyens en dehors des attestations relatant les propos des enfants.

Les amis du couple ne sont pas dans une telle hypothèse, leur attestation peut être produite M. Dauvert au titre de sa demande en divorce.

L'article 259-1 dispose qu'un époux ne peut verser aux débats un élément de preuve qu'il aurait obtenu par violence ou fraude.

Dès lors, se pose la question de savoir si M. Dauvert a obtenu cette lettre par violence ou par fraude.

La lettre a été trouvée par hasard alors qu'il cherchait le planning de travail de son épouse. M. Dauvert n'a pas trouvé la lettre par violence ou par fraude, elle peut être produite en justice au titre de sa demande de divorce.

Par conséquent, M. Dauvert pourra demander le divorce pour faute en produisant l'attestation des amis du couple ainsi que la lettre envoyée à sa femme par sa belle-mère.

La famille

› *Commentaire d'arrêt : Civ. 1re, 16 décembre 2020*

Faits et procédure

1. Selon l'arrêt attaqué (Rennes, 4 juin 2018), Mme T... et M. D... se sont mariés le [...] sous le régime de la participation aux acquêts. Ce dernier a assigné son épouse en divorce.

Examen des moyens

Sur le second moyen

Énoncé du moyen

2. Mme T... fait grief à l'arrêt de rejeter sa demande de dommages-intérêts fondée sur l'article 266 du Code civil, alors « que pour déterminer si l'époux qui obtient que le divorce soit prononcé aux torts exclusifs de son conjoint peut prétendre à des dommages et intérêts, à raison des conséquences d'une particulière gravité découlant de la dissolution du mariage, les juges du fond sont tenus de rechercher, indépendamment de la durée du mariage, si les conséquences de la rupture ne présentent pas une particulière gravité à raison de la durée de la vie commune antérieure au mariage lorsque cette vie commune a été particulièrement longue ; que tel a été le cas en l'espèce puisque la vie commune antérieurement au mariage a duré 30 ans ; qu'en s'abstenant de prendre en compte cette circonstance, les juges du fond ont privé leur décision de base légale au regard de l'article 266 du Code civil. »

Thème principal

Les conséquences du divorce

Mots-clés

Divorce, Faute, Torts exclusifs, Dommages et intérêts, Conséquences d'une particulière gravité, Vie commune antérieure au mariage, Prestation compensatoire, Disparité dans les conditions de vie respectives des époux, Différence de situation professionnelle ou de rémunération patrimoniale antérieure au mariage

Sujet donné par

Patrice Hilt, Maître de conférences (HDR), Université de Strasbourg

Corrigé établi par

Amélie Hlil, Doctorante, Université de Strasbourg

Second semestre 2020-2021

Réponse de la Cour

3. Ayant, d'abord, relevé que la vie commune des époux avait cessé dès le 24 mai 2004 et qu'il résultait du certificat médical produit par Mme T... que celle-ci était déjà suivie sur le plan psychologique avant le mariage depuis qu'elle avait, en avril 2013, été avertie de la double vie de M. D..., et, ensuite, souverainement estimé que cette dernière ne démontrait pas avoir subi, du fait de la dissolution du mariage, des conséquences excédant celles habituelles affectant toute personne se trouvant dans la même situation, la cour d'appel, qui, saisie sur le fondement de l'article 266 du Code civil, n'avait pas à prendre en considération des faits antérieurs au mariage, a légalement justifié sa décision.

Mais sur le premier moyen

Énoncé du moyen

4. Mme T... fait grief à l'arrêt de rejeter sa demande de prestation compensatoire, alors :

« 1°/ qu'il est exclu, pour déterminer s'il y a disparité justifiant l'octroi d'une prestation compensatoire, que le juge puisse tenir compte des mesures provisoires prescrites pour la durée de l'instance en divorce ; qu'en retenant d'une part que l'épouse n'avait pas de charge au titre du logement, dans la mesure où les prêts étaient supportés par le mari pendant la durée de la procédure, d'autre part, que le mari supportait au titre de ses charges le remboursement des emprunts et cela pour la durée de la procédure, quand la prise en compte de ces éléments était exclue, les juges du fond ont violé les articles 270 à 272 du Code civil ;

2°/ que pour déterminer s'il y a lieu à prestation compensatoire, et si même l'époux demandeur se retrouve à la suite du divorce dans une situation similaire à celle qui était la sienne avant le mariage, les juges du fond doivent comparer la situation de l'époux demandeur au cours du mariage et sa situation à la suite du divorce ; qu'en s'abstenant de ce faire, les juges du fond ont violé les articles 270 à 272 du Code civil ;

3°/ qu'il est interdit en tout état de cause de tenir compte de la situation patrimoniale des époux antérieure au mariage ; qu'en se fondant sur la situation de M. D... et de Mme T... antérieurement au mariage, les juges du fond ont de nouveau violé les articles 270 à 272 du Code civil. »

Réponse de la Cour

Vu les articles 270 et 271 du Code civil :

5. Il résulte du premier de ces textes que l'un des époux peut être tenu de verser à l'autre une prestation destinée à compenser, autant qu'il est possible, la disparité que la rupture du mariage crée dans les conditions de vie respectives. Selon le second, la prestation compensatoire est fixée selon les besoins de l'époux à qui elle est versée et les ressources de l'autre, en tenant compte de la situation au moment du divorce et de l'évolution de celle-ci dans un avenir prévisible.

6. Il s'en déduit, d'une part, que la différence de situation professionnelle ou de rémunération patrimoniale existant entre les époux antérieurement au mariage ne peut être un critère de refus d'octroi de la prestation compensatoire puisque celle-ci vise à maintenir la parité qu'assurait l'union matrimoniale, d'autre part, que c'est au moment du prononcé du divorce, qui met fin au devoir de secours, que le juge doit se placer pour la fixer.

7. Pour dire que la rupture du mariage ne crée pas de disparité dans les conditions de vie respectives des époux, l'arrêt retient qu'en l'état, M. D... prend en charge les prêts afférents au domicile conjugal occupé par Mme T... et que la disparité de situation existait dans les mêmes proportions au moment du mariage et ne résulte pas de sa rupture, intervenue après six mois de vie commune.

8. En statuant ainsi, la cour d'appel a violé les textes susvisés.

Par ces motifs, la Cour : casse et annule, mais seulement en ce qu'il rejette la demande de prestation compensatoire formée par Mme T. l'arrêt rendu le 4 juin 2018, entre les parties, par la cour d'appel de Rennes.

Document autorisé : Code civil

› Préparation

Analyse du sujet

Les solutions retenues par la Cour de cassation dans cet arrêt sont classiques, tant sur le terrain de la prestation compensatoire (1er moyen) que sur celui des dommages et intérêts fondés sur l'article 266 du Code civil (2nd moyen). L'étudiant devait le souligner. Il devait également mettre en lumière qu'une même question se posait dans chacun de ces deux moyens : celle de savoir si des faits antérieurs au mariage pouvaient être pris en considération par les juges du fond.

Plan proposé

I/ Une application classique des conditions d'octroi d'une prestation compensatoire

A – L'exigence d'une disparité dans les conditions de vie respectives des époux

B – Le refus de prise en compte de la situation antérieure au mariage

II/ Une application stricte de l'article 266 du Code civil

A – Les conditions d'octroi de dommages et intérêts fondés sur l'article 266 du Code civil

B – Le refus de prise en compte de la situation antérieure au mariage

› Corrigé

« L'amour se divorce à l'amiable » chantait Claude Nougaro. Malheureusement, la réalité est souvent toute autre. Ainsi, l'arrêt rendu le 16 décembre 2020 par la première chambre civile de la Cour de cassation illustre une nouvelle fois les difficultés auxquelles peuvent être confrontés les époux lors d'un divorce contentieux, notamment sur un plan pécuniaire.

En l'espèce, Mme T et M. D se sont mariés le 16 novembre 2013 sous le régime de la participation aux acquêts. La même année, l'épouse est informée de la double vie que mène son époux. Ils se séparent le 25 mai 2014, après plus de trente années de vie commune.

M. D assigne alors Mme T en divorce. Ce dernier est prononcé, quelque temps plus tard, aux torts exclusifs de l'époux. Saisie d'un recours, la cour d'appel de Rennes confirme le prononcé du divorce mais refuse d'octroyer à l'épouse des dommages et intérêts fondés sur l'article 266 du Code civil ainsi qu'une prestation compensatoire. L'épouse se pourvoit en cassation.

Dans un premier moyen, Mme T fait grief à l'arrêt de lui refuser l'octroi d'une prestation compensatoire, fondée sur les articles 270 et 271 du Code civil, au motif que la Cour ne peut tenir compte des mesures provisoires prescrites pour la durée de l'instance en divorce pour déterminer l'octroi ou non d'une telle prestation. Il s'agit ici des charges du logement occupé par Mme T ainsi que les prêts supportés durant la procédure, par M. D. Par ailleurs, Mme T reproche également à l'arrêt de prendre en compte sa situation antérieure au mariage.

Dans un second moyen, Mme T fait grief à l'arrêt de rejeter sa demande de dommages et intérêts fondée sur l'article 266 du Code civil. D'après la requérante, la cour d'appel n'a pas recherché si, indépendamment de la durée du mariage, la rupture ne présentait pas une particulière gravité découlant de la dissolution du mariage, à raison de la durée de la vie commune, c'est-à-dire une relation de 30 ans antérieure au mariage.

La Cour de cassation casse et annule l'arrêt rendu par la cour d'appel de Rennes, mais seulement en ce qui concerne la demande de prestation compensatoire. Elle estime en effet que, pour attribuer une telle prestation, il faut « tenir compte de la situation au moment du divorce et de son évolution dans un avenir proche ». La différence de situation antérieure au mariage ou encore les prêts en lien avec le domicile conjugal ne doivent pas être pris en compte. Concernant la demande de dommages et intérêts au titre de l'article 266 du Code civil, la Cour relève que Mme T est suivie psychologiquement depuis 2013, donc antérieurement au mariage. Par ailleurs, elle n'a pas démontré avoir subi « du fait de la dissolution du mariage, des conséquences excédant celles habituelles affectant toute personne se trouvant dans la même situation ».

En substance, cette décision rappelle utilement les conditions dans lesquelles le juge du divorce peut octroyer à un époux non seulement une réparation financière sur le fondement de l'article 266 du Code civil, mais également une prestation compensatoire. De manière plus ciblée, elle précise tout au long de son arrêt le sort que le juge doit réserver, dans son appréciation, aux faits antérieurs au mariage soulevés par les parties au litige.

S'agissant du premier moyen, et sans grande surprise, la Cour de cassation se contente de faire une application très classique des conditions d'octroi d'une prestation compensatoire (I). Quant au second moyen, elle applique avec sévérité les conditions posées à l'article 266 du Code civil (II).

I/ Une application classique des conditions d'octroi d'une prestation compensatoire

Le versement d'une prestation compensatoire suppose l'existence d'une disparité dans les conditions de vie respectives des parties, ce que rappelle la Cour de cassation (A). Et dans l'appréciation de cette disparité, la situation des époux antérieure au mariage ne peut être prise en considération (B).

A – L'exigence d'une disparité dans les conditions de vie respectives des époux

La loi du 26 mai 2004 a reconnu à tous les époux un droit potentiel à prestation compensatoire. Par exception, ce droit peut être refusé par le juge à l'époux aux torts exclusifs duquel le divorce a été prononcé lorsque l'équité le commande et, notamment, au regard des circonstances particulières de la rupture.

Le versement d'une prestation compensatoire est cependant subordonné, quant au fond, à l'exigence d'une modification du niveau de vie des époux, laquelle doit résulter du prononcé du divorce. Ces conditions sont posées expressément à l'article 270 du Code civil qui énonce que la prestation compensatoire sert à compenser autant que possible « la disparité que la rupture du mariage crée dans les conditions de vie respectives ». Si elles sont remplies, il appartiendra au juge de déterminer le montant de la prestation conformément à l'article 271 du Code civil, lequel dispose que la prestation est fixée selon les besoins de l'époux à qui elle est versée et les ressources de l'autre en tenant compte de la situation au moment du divorce et de l'évolution de celle-ci dans un avenir prévisible. Ces deux textes sont expressément visés par la Cour de cassation dans l'arrêt commenté.

Dans cette espèce, l'épouse soutenait qu'une telle disparité existait dans les faits, de sorte qu'une prestation compensatoire devait lui être versée par son mari. Sa demande fut rejetée par la cour d'appel de Rennes qui estima que la rupture du mariage n'avait créé aucune disparité pour deux raisons : d'une part, le mari avait accepté de prendre en charge après le divorce les prêts afférents au domicile conjugal occupé par Mme T ; d'autre part, la disparité de situation existait déjà dans les mêmes proportions au moment du mariage et ne résultait donc pas de sa rupture.

Telle fut l'erreur commise par les juges rennais : prendre en considération, dans leur appréciation de la disparité, des faits antérieurs au mariage. Cela leur fut reproché par la Cour de cassation.

B – Le refus de prendre en considération la situation antérieure au mariage

Une nouvelle fois, la Cour de cassation refuse de prendre en considération, dans la détermination du droit à prestation compensatoire, la période de vie commune ayant précédé le mariage. Elle souligne que la différence de situation professionnelle ou de rémunération patrimoniale existant entre les époux antérieurement au mariage ne peut être un critère de refus d'octroi de la prestation compensatoire. Selon elle, une telle prestation vise à maintenir la parité qu'assurait l'union matrimoniale : cela constituerait donc un non-sens de prendre en compte des faits antérieurs à cette union.

Cette position n'est pas nouvelle puisqu'on observe qu'un tel raisonnement a déjà été tenu dans plusieurs arrêts antérieurs. À titre d'exemple, dès 2001, les juges du quai de l'horloge avaient pareillement jugé que « peu importe l'état de fortune des époux pendant ou avant leur union, viole les articles 270 et 271 du Code civil la cour d'appel qui, pour rejeter la demande de prestation compensatoire, relève que les époux étaient mariés sous le régime de la séparation de biens, qu'ils vivaient séparés depuis près de vingt ans et que la disparité dans leurs conditions de vie résultant de la différence de leurs revenus annuels au moment du divorce ne trouvait pas sa cause dans la rupture du mariage, mais dans l'état de fait préexistant » (Civ. 2e, 10 mai 2001, n° 99-11.023).

Dans le même sens, la première Chambre civile de la Cour de cassation avait cassé un arrêt énonçant que « s'il existe entre les époux une différence sensible de revenus, il ressort néanmoins que celle-ci préexistait au mariage et qu'en aucune façon elle ne résulte des choix opérés en commun par les conjoints ; en se déterminant ainsi, la cour d'appel, d'une part, s'est fondée sur des circonstances antérieures au mariage et, d'autre part, a ajouté une condition non prévue par la loi » (Civ. 1re, 18 mai 2011, n° 10-17.445). Enfin, plus récemment encore, cette même Chambre a une nouvelle fois adopté le raisonnement en cassant l'arrêt qui avait rejeté la demande de prestation compensatoire au motif « que s'il existe une importante disparité entre les situations financières des parties, celle-ci préexistait au mariage et s'est maintenue par la suite malgré l'union » (Civ. 1re, 11 avr. 2018, n° 17-18.375).

Force est ainsi de constater que l'arrêt étudié s'inscrit incontestablement dans un courant jurisprudentiel bien ancré. La solution que la Cour a rendue n'est donc pas surprenante sur ce point. Elle ne l'est pas davantage sur le terrain des dommages et intérêts réclamés par l'épouse.

II/ Une application stricte de l'article 266 du Code civil

De manière similaire, la Cour commence par rappeler les conditions qui permettent à un époux de réclamer à son conjoint des dommages et intérêts sur le fondement de l'article 266 du Code civil (A). Une nouvelle fois, elle écarte la possibilité, pour le juge du fond, de prendre en considération des faits antérieurs au mariage (B).

A – Les conditions d'octroi de dommages et intérêts fondés sur l'article 266 du Code civil

L'article 266 du Code civil énonce que, lorsque « le divorce est prononcé aux torts exclusifs de l'un des époux, celui-ci peut être condamné à des dommages-intérêts en réparation du préjudice matériel ou moral que la dissolution du mariage fait subir à son conjoint […] ». La suite de ce texte pose plusieurs conditions qui doivent impérativement être satisfaites pour permettre son application. Ces conditions sont rappelées par la Cour de cassation dans l'arrêt commenté.

En particulier, cette disposition ne peut être invoquée que dans un nombre limité de divorces : il s'agit du divorce prononcé pour altération définitive du lien conjugal au profit de l'époux défendeur, ou du divorce prononcé aux torts exclusifs, au profit de l'époux contre lequel aucun tort n'a été relevé. La demande doit être concordante à l'action en divorce. En l'espèce, le divorce a été prononcé aux torts exclusifs de M. D., ce qui autorisait son épouse à lui réclamer une réparation financière sur le fondement de l'article 266 du Code civil. Toutefois, sa demande ne pouvait prospérer que si le préjudice subi était d'une particulière gravité et résultait de la dissolution même du mariage Sur ces dernières exigences, la Cour releva que Mme T « ne démontrait pas avoir subi, du fait de la dissolution du mariage, des conséquences excédant celles habituelles affectant toute personne se trouvant dans la même situation ». Par ailleurs, elle souligna encore que, même si Mme T démontre des troubles psychologiques, « celle-ci était déjà suivie sur le plan psychologique avant le mariage depuis qu'elle avait, en avril 2013, été avertie de la double vie de M. D... ». Le préjudice moral subi par l'épouse ne résulte donc pas de la dissolution même du mariage puisqu'il préexistait au divorce. Les juges du fond ont donc eu raison de lui refuser le versement de dommages et intérêts.

Ce faisant, la Cour de cassation s'est contentée d'opérer une application stricte des critères d'octroi de dommages et intérêts sur le fondement de l'article 266 du Code civil. Dans son analyse, elle a refusé, là encore, que des faits antérieurs au mariage puissent être pris en considération.

B – Le refus de prise en compte de la situation antérieure au mariage

La Cour de cassation refuse une nouvelle fois de prendre en compte la vie commune antérieure au mariage et affirme qu'il n'y a pas lieu de « prendre en considération des faits antérieurs au mariage » afin de déterminer l'octroi d'une réparation financière sur le fondement de l'article 266 du Code civil. En l'espèce Mme T invoquait un préjudice d'une particulière gravité découlant de la dissolution du mariage en raison de la durée de la vie commune antérieure au mariage qui avait duré trente ans. Cependant, la Cour relève également que, bien que Mme T ait pu démontrer un dommage moral par la production d'un certificat médical d'un suivi psychologique, le suivi avait débuté avant le mariage; le dommage ne pouvait donc pas résulter de la dissolution même du mariage.

La Cour de cassation suit également une jurisprudence constante en exigeant que le dommage subi découle directement de la dissolution du mariage et en se refusant à prendre en compte des éléments antérieurs. La première Chambre civile avait ainsi, le 25 janvier 2005, cassé un arrêt « qui avait attribué des dommages et intérêts sur le fondement de l'art. 266 C. civ. alors que le préjudice ne résultait pas de la dissolution du mariage mais avait été subi pendant l'union ». Le même raisonnement fut encore suivi dans un arrêt du 18 janvier 2012 qui rejeta une demande de versement de dommages et intérêts fondée sur l'article 266 du Code civil dans la mesure où le demandeur ne précisait pas « en quoi le préjudice indemnisé résultait de la dissolution du mariage ».

Dans l'arrêt rapporté, il aurait sans doute été plus probant pour Mme T d'invoquer l'article 1240 du Code civil qui, contrairement à l'article 266 du Code civil, permet une indemnisation du préjudice subi par l'époux durant le mariage et non plus en raison du prononcé du divorce. Par ailleurs, dans le cadre de ce texte, le préjudice subi par l'époux victime n'a pas besoin d'être d'une particulière gravité. Il est donc possible de l'invoquer en réparation d'un dommage subi durant l'union mais il faudra néanmoins démontrer l'existence d'une faute et d'un lien de causalité avec le dommage.

La famille

Thème principal

Droit de la famille

Mots-clés

Pacs, Divorce, Adoption

Sujet donné et corrigé établi par

Julien Boisson, Maître de conférences, Université de Bretagne occidentale

Muriel Rebourg, Professeur, Université de Bretagne occidentale

Second semestre 2020-2021

› *Cas pratique*

Cas pratique : Quinze pour cent*

Camille, 25 ans, est montée à Paris pour retrouver les traces de son père, Mathias qui ne l'a jamais reconnue. Déjà marié et père d'un garçon, Hyppolyte, Mathias est toujours resté à distance de Camille et de sa mère. Pour autant, il a toujours assumé, au moins partiellement, la charge matérielle de Camille et s'est toujours débrouillé pour lui rendre visite au moins une fois par an alors qu'elle était enfant.

Arrivée à Paris, c'est presque accidentellement que la jeune femme est recrutée dans l'Agence d'Agents de stars APK, en qualité d'assistante d'Andréa, l'associée de Mathias. Personne ne sait alors au sein d'APK que Mathias est le père de Camille. Les choses ont depuis bien changé. Cela fait deux ans que Camille travaille chez APK et l'identité de son père est désormais connue de tous. Celui-ci hésite même à la reconnaître. Néanmoins avec Mathias, il vaut mieux toujours se méfier.

Son épouse, Catherine, ne le sait que trop bien. Sa rencontre avec Camille a été un choc. Elle est depuis sous antidépresseurs. Mathias, plutôt que de la réconforter, préfère convoler avec Noémie sa secrétaire. Lasse, Catherine souhaite demander le divorce et sait que Mathias ne s'y opposera pas. Hyppolyte est majeur et indépendant et Mathias souhaite se remarier au plus vite avec Noémie. Un point de contentieux demeure cependant : le sort de leur bel appartement haussmannien.

Camille n'a pas seulement rencontré Catherine, elle a également fait la connaissance d'Hyppolyte, sur un tournage. Le coup de foudre a été immédiat jusqu'à ce qu'elle s'aperçoive qu'Hyppolyte était en réalité son demi-frère par le sang. Il était moins une : une relation aurait pu se nouer entre les deux.

Parallèlement, Andréa a rencontré Colette avec laquelle elle vit une histoire d'amour tumultueuse. Hésitante sur son orientation sexuelle et adepte des bamboches bien arrosées, Andréa a eu un coup d'un soir avec Hicham, un autre associé d'APK. De cette nuit frivole, Andréa est tombée enceinte. Elle y voit une aubaine pour avoir un enfant avec Colette, sa concubine. Après d'âpres discussions, Hicham accepte de renoncer à établir sa paternité avec l'enfant à naître afin que Colette puisse l'adopter, mais seulement à condition d'être le parrain de l'enfant. Flora est née le 1er septembre dernier et a été déclarée à l'état civil comme née d'Andréa.

À partir de la situation des différents protagonistes, vous répondrez aux questions suivantes :

Camille peut-elle espérer voir sa filiation établie avec Mathias ?

Camille, si elle avait poursuivi sa relation avec Hyppolyte, aurait-elle pu espérer l'officialiser par une union de droit ?

Quelle procédure de divorce conseillez-vous à Catherine pour se séparer de Mathias ?

Qu'en est-il de la filiation de Flora ? À cet égard, vous vous interrogerez sur les conséquences de la renonciation d'Hicham.

* Le sujet est très largement inspiré par la série « Dix pour cent » créée par Fanny Herrero.

› *Préparation*

Analyse du sujet

Le sujet invite à aborder les deux principaux thèmes étudiés en cours de Droit de la famille en première année de licence de droit. Du côté du couple, les difficultés se concentrent autour des conditions de formation du mariage comme du partenariat civil de solidarité (à propos de la condition d'exogamie), d'une part, et du divorce lorsque plusieurs cas d'ouverture sont envisageables, d'autre part. Du côté de l'enfant, le sujet appelle des développements sur l'établissement de la filiation charnelle (modes contentieux et non contentieux) comme de la filiation adoptive (en présence d'une renonciation du père biologique à établir sa propre filiation). Les deux thèmes ne s'opposent pas, bien au contraire, puisque de l'établissement ou non de la filiation dépend la qualification d'union endogamique ou exogamique.

Plan du corrigé

I/ La filiation de Camille
A – L'établissement non contentieux de la filiation de Camille
B – L'établissement contentieux de la filiation de Camille
II/ Le couple Camille-Hyppolyte
III/ Le divorce de Catherine et Mathias
A – Les cas de divorce
B – La procédure de divorce
IV/ La filiation de Flora
A – La renonciation d'Hicham
B – L'adoption par Colette

› *Corrigé*

Les différents protagonistes de l'Agence APK rencontrent des difficultés relevant du droit de la famille. D'abord, Camille s'interroge sur la possibilité d'établir sa filiation avec son père biologique qui ne l'a jamais reconnue (I), comme sur celle d'officialiser une éventuelle relation avec son demi-frère biologique (II). Ensuite, Catherine souhaite divorcer de son époux en optant pour la procédure la plus adéquate (III). Enfin, se pose la question de la filiation de Flora, après la renonciation de son père biologique à établir sa filiation afin de permettre à la concubine de sa mère de l'adopter (IV).

I/ La filiation de Camille

Pour établir la filiation de Camille à l'égard de Mathias, il est possible d'envisager un mode d'établissement non contentieux (A) ou une action contentieuse (B).

A – L'établissement non contentieux de la filiation de Camille

L'établissement non contentieux de la filiation peut avoir lieu soit par reconnaissance (1), soit par acte de notoriété (2).

1 • L'établissement par reconnaissance

En vertu de l'article 316 du Code civil, la filiation peut être volontairement établie par une reconnaissance de paternité. Celle-ci n'est enfermée dans aucun délai : elle peut avoir lieu avant comme après la naissance, à tout moment. La seule condition imposée par les textes est que la reconnaissance doit être reçue par l'officier d'état civil ou être établie par tout acte authentique. La reconnaissance établit la filiation et ne produit des effets qu'à l'égard de son auteur.

En l'espèce, Mathias semble souhaiter reconnaître Camille. Il le peut malgré l'âge de Camille. Il doit se rendre à la mairie auprès de l'officier d'état civil. Il peut également reconnaître Camille dans le cadre d'un testament reçu par un notaire.

En conclusion, rien ne s'oppose à la reconnaissance de Camille par Mathias.

2 • L'établissement par un acte de notoriété

Selon l'article 317 du Code civil, tel que modifié par la loi du 23 mars 2019 de programmation et de réforme de la justice, la filiation peut être établie grâce à un acte de notoriété dressé par le notaire. L'acte de notoriété fait foi de la possession d'état jusqu'à preuve contraire. La filiation repose ainsi sur la possession d'état qui est définie à l'article 311-1 du Code civil comme « une réunion suffisante de faits qui révèlent le lien de filiation et de parenté entre une personne et la famille à laquelle elle est dite appartenir ». En ce sens, la Cour de cassation est venue préciser que la possession d'état repose sur un faisceau d'indices. L'article 311-1 susmentionné pose un certain nombre de ces indices que la doctrine a l'habitude de réunir en trois catégories : le *tractus*, la *fama* et le *nomen*. Pour produire ses effets à l'égard de la filiation, l'article 311-2 du Code civil précise que la possession d'état, même caractérisée au sens du texte précédent, doit revêtir quatre qualités. Elle doit être continue, paisible, publique et non équivoque, c'est-à-dire non ambiguë. Les textes ne fixent, en revanche, aucune durée.

En l'espèce, Mathias a toujours assumé partiellement la charge matérielle de Camille de sorte qu'il l'a traitée comme sa fille. Certes Camille ne porte pas son nom. En revanche, depuis peu l'entourage de Mathias le considère comme le père de Camille de sorte qu'il existe un certain nombre d'indices de nature à caractériser une possession d'état au sens de l'article 311-1 du Code civil. Il peut y avoir discussion en revanche sur les qualités de la possession d'état compte tenu du secret qui a longtemps entouré les actes susceptibles de la caractériser. Il semble néanmoins que les différentes conditions soient réunies.

Par ailleurs, l'article 317 du Code civil précise que l'acte de notoriété peut être demandé par l'enfant et ce jusqu'à cinq ans après la cessation de la possession d'état ou le décès du parent prétendu. Il est dressé sur la base des déclarations d'au moins trois témoins et le notaire peut réclamer toutes pièces utiles démontrant la réalité de la possession d'état.

En l'espèce, la possession d'état n'ayant pas cessé, le délai de cinq ans n'a pas commencé à courir. Reste à Camille à trouver dans son entourage au moins trois témoins.

En conclusion, Camille devrait pouvoir établir sa filiation avec Mathias grâce à un acte de notoriété. Il reste que le notaire, au regard des circonstances, pourrait ne pas être très enclin à dresser un tel acte eu égard à ses importantes conséquences.

Le dernier alinéa de l'article 317 du Code civil prévoit que, lorsqu'il est dressé, l'acte de notoriété doit être retranscrit sur l'acte de naissance.

En l'espèce, si Camille arrive à obtenir, ce qui n'est pas certain, un acte de notoriété, celui-ci devra être transcrit sur son acte de naissance.

Dès lors, il se pourrait que Camille n'ait d'autre choix que d'agir en établissement contentieux de la filiation.

B – L'établissement contentieux de la filiation de Camille

Il résulte de l'article 321 du Code civil que les actions aux fins d'établissement de filiation se prescrivent par dix ans « à compter du jour où la personne a été privée de l'état qu'elle réclame », c'est-à-dire à compter de la naissance de l'enfant. À son égard, le texte précise que le délai est suspendu pendant sa minorité, de sorte que celui-ci commence à courir à ses 18 ans. L'enfant souhaitant établir sa filiation à l'égard de son parent a jusqu'à ses vingt-huit ans.

En l'espèce, Camille est arrivée à Paris à ses vingt-cinq ans et y est depuis deux ans. Elle a donc vingt-sept ans et il ne lui reste que quelques mois pour agir.

Camille doit faire vite sous peine de voir son action prescrite.

Au terme de l'article 327 du Code civil, l'enfant peut agir en recherche de paternité pour établir sa filiation paternelle hors mariage. L'action est dirigée, selon l'article 328, contre le parent prétendu. Malgré le silence des textes, pour aboutir, l'action doit tendre à démontrer que le défendeur est le père biologique du demandeur. À cet égard, l'article 310-2 du Code civil pose en la matière un principe de liberté de la preuve : celle-ci peut être rapportée par tous moyens, notamment par une expertise biologique comme le permet l'article 16-11 dudit Code. Pour, la Cour de cassation l'expertise biologique est de droit, sauf motif légitime de ne pas y procéder (Civ. 1re, 28 mars 2000, nº 98-12.806).

En l'espèce, il ne fait nul doute que Mathias est le père biologique de Camille. Étant dans les délais, elle peut agir contre lui et demander au juge d'ordonner une expertise biologique qui se révélera positive.

En conséquence, le Tribunal judiciaire va nécessairement faire droit à l'action en recherche de paternité si Camille l'initie.

En l'absence de tout texte, la Cour de cassation décide de façon constante que le jugement en matière d'action en recherche de paternité est déclaratif et non constitutif de sorte qu'il établit la filiation rétroactivement au jour de la naissance (v. not. Civ. 1re,

9 nov. 2016, n° 15-27.246). Ce dernier doit être transcrit sur l'acte de naissance.

En l'espèce, le jugement va être transcrit sur l'acte de naissance de Camille.

En conclusion, compte tenu du terme proche du délai de prescription, il est conseillé à Camille de préférer une action en recherche en paternité, dont le succès est assuré, plutôt que de demander à un notaire de dresser un acte de notoriété.

II/ Le couple Camille-Hyppolyte

Parmi les différents empêchements à mariage, les articles 161 et suivants du Code civil prohibent les mariages entre personnes de la même famille (mariages dits incestueux ou endogamiques). Ainsi, l'article 162 du Code civil interdit, en ligne collatérale, aux frères et sœurs de se marier. Il faut bien comprendre que l'interdit ne joue que si la filiation est juridiquement établie avec l'auteur commun. Il ne suffit donc pas que les deux personnes soient frère et sœur biologiques. Au contraire, il faut qu'ils soient frère et sœur légaux, nonobstant d'ailleurs la vérité biologique. Cette interdiction est prescrite à peine de nullité absolue du mariage (C. civ., art. 184), c'est-à-dire que l'action en nullité est ouverte à tout intéressé, y compris le ministère public, pendant trente ans. En amont, l'inceste est, par ailleurs, un cas d'opposition à mariage de la part du ministère public (C. civ., art. 175-1).

En matière de pacte civil de solidarité, la même règle s'impose. Elle est prévue par l'article 515-2 du Code civil. Le Conseil constitutionnel a précisé, dans le silence de la loi, que la règle était posée à titre de nullité absolue (Cons. const. 9 nov. 1999, n° 99-419 DC).

En l'espèce, Camille envisage d'officialiser sa relation avec Hyppolyte son frère biologique dans le cadre d'une union de droit, c'est-à-dire un mariage ou un pacte civil de solidarité. Or, les règles régissant ces deux formes de conjugalité interdisent l'union entre frère et sœur légaux.

En d'autres termes, Camille devra choisir entre établir sa filiation avec Mathias, ce qui la fera rentrer dans sa famille et avoir Hyppolyte comme frère consanguin ou renoncer à établir sa filiation avec Mathias auquel cas, faute de lien de droit, une union avec Hyppolyte sera parfaitement valable en droit !

III/ Le divorce de Catherine et Mathias

L'étude des cas de divorce possibles (A) précédera de rapides développements sur la procédure de divorce (B).

A – Les cas de divorce

Aux termes de l'article 229 du Code civil, il existe plusieurs cas de divorces : deux divorces par consentement mutuel (judiciaire et sans juge), trois divorces contentieux (accepté, pour altération définitive du lien conjugal ou pour faute). Les premiers reposent sur un accord des époux, au moins partiel, pour divorcer, à la différence des autres.

En l'espèce, plusieurs cas de divorce peuvent être envisagés. Il conviendra de les voir un à un : le divorce par consentement mutuel (1), le divorce accepté (2) et le divorce pour faute (3).

1 • Le divorce par consentement mutuel

Le divorce par consentement mutuel, qu'il soit sans juge (C. civ., art. 229-1) ou judiciaire (C. civ., art. 230) repose sur un double accord des époux : sur le principe et sur l'intégralité des effets du divorce. Le divorce non judiciaire est le principe. Ce n'est qu'en présence d'un enfant mineur souhaitant être entendu par le juge, que le divorce par consentement mutuel se judiciarise (C. civ., art. 229-2, 1° et 230).

En l'espèce, faute de s'entendre sur le sort de l'immeuble haussmannien, cette voie semble définitivement exclue. Si toutefois, les époux s'entendaient sur celui-ci, ils pourraient alors avoir recours au divorce sans juge, faute d'enfants encore mineurs.

En conclusion, le divorce par consentement mutuel semble exclu à ce stade et il convient d'envisager les autres cas de divorce.

2 • Le divorce accepté

À défaut d'être d'accord sur l'ensemble, il est possible d'envisager un divorce accepté. Celui-ci est défini à l'article 233 du Code civil. Il suppose l'accord des époux sur le principe même du divorce, mais non sur l'ensemble de ses conséquences. Celles-ci sont alors tranchées par le juge (C. civ., art. 234). Cette voie implique, cependant, que les époux renoncent définitivement à invoquer les faits à l'origine du divorce.

En l'espèce, les deux époux semblent d'accord pour divorcer, seule la conséquence du divorce relative à l'immeuble haussmannien pose une difficulté. Cependant, seul Mathias a commis des inconduites qui font que Catherine demande le divorce. Si elle s'oriente vers un divorce accepté, elle renonce définitivement à invoquer celles-ci.

En conclusion, le divorce accepté paraît de prime abord la meilleure voie : ses conditions sont réunies et, moins contentieux que le divorce pour faute, il aboutira plus rapidement. Il faudra, néanmoins, convaincre Catherine de renoncer aux torts de Mathias alors qu'elle n'y trouvera que peu d'intérêt, hormis la pacification du divorce.

3 • Le divorce pour faute

L'article 242 du Code civil prévoit le cas du divorce pour faute. Pour aboutir, quatre conditions cumulatives doivent être réunies. Il faut tout d'abord une faute au sens des devoirs et obligations du mariage prévus aux articles 212 et suivants du Code civil. Ainsi, l'article 212 du Code civil impose aux époux fidélité et assistance. Cette faute doit ensuite revêtir certaines qualités : le manquement doit être grave ou renouvelé, imputable à l'époux (c'est-à-dire qu'il doit l'avoir commis sciemment, en toute lucidité) et doit rendre intolérable la vie commune (ce qui est affaire de circonstances).

En l'espèce, Mathias s'est rendu coupable au moins par deux fois d'adultère dont l'un a donné naissance à Camille. Le manquement, sinon grave, est à tout le moins renouvelé. Il est imputable à Mathias. Quant au point de savoir s'il rend intolérable le maintien de la vie commune, la dépression consécutive de Catherine l'établit sans nul doute. Par ailleurs, en délaissant son épouse Mathias a également manqué à son devoir d'assistance.

En somme, Catherine peut parfaitement envisager et obtenir un divorce aux torts exclusifs de Mathias. Le juge sera alors chargé de trancher les conséquences du divorce, notamment le sort de l'immeuble.

B – La procédure de divorce

Il faut signaler encore que pour pacifier le divorce à n'importe quel stade de la procédure de divorce, le législateur a créé plusieurs passerelles pour passer d'un divorce très contentieux à un divorce accepté (C. civ., art. 247-1), voire à un divorce par consentement mutuel (C. civ., art. 247). Par ailleurs, défavorable au divorce pour faute, le législateur, à l'occasion de la réforme de la procédure de divorce par la loi de programmation et de réforme de la justice, a interdit à l'époux d'assigner son conjoint en divorce pour faute (C. civ., art. 251). Il doit alors assigner en divorce sans fondement et préciser celui de la faute dans le cadre de ses premières conclusions. Le législateur espère ainsi que les époux trouveront dans cet intervalle un accord.

En l'espèce, Catherine peut parfaitement s'orienter dans un premier temps vers un divorce pour faute. Elle ne pourra pas, en tout état de cause, l'indiquer dans l'assignation. Les discussions pourront alors se poursuivre entre les époux vers un divorce accepté, voire vers un divorce par consentement mutuel s'ils arrivaient à s'entendre sur le sort de l'immeuble. L'avantage pour les deux époux serait la célérité de la procédure.

En conclusion, plusieurs voies sont possibles. Dans la mesure où Mathias est pressé de divorcer pour se remarier, Catherine a tout intérêt à assigner en divorce sans fondement et à entrer en négociation avec son époux sur le sort de l'immeuble avec, dans la balance, l'éventuelle action en divorce pour faute. Il fait peu de doute que l'avocat défendant les intérêts de Catherine lui conseillera cette stratégie.

IV/ La filiation de Flora

La filiation de Flora pose successivement deux questions : d'abord, celle de la renonciation d'Hicham (A) puis celle de l'adoption par Colette (B).

A – La renonciation d'Hicham

Aux termes de l'article 323 du Code civil, la filiation, comme l'état des personnes en général, est indisponible. Le texte précise ainsi que les actions relatives à la filiation ne peuvent être l'objet de renonciation. En d'autres termes, toute convention par laquelle un parent renonce à établir sa filiation à l'égard de son enfant est nulle comme contraire à l'ordre public (C. civ., art. 6). À cet égard, les conventions de gestation pour autrui (GPA) en constituent une illustration (C. civ., art. 16-7).

En l'espèce, Hicham a renoncé à établir sa filiation à l'égard de Flora. Néanmoins, cette convention est contraire à l'ordre public et au principe de l'indisponibilité de l'état des personnes. Elle est donc susceptible d'être frappée de nullité.

En conclusion, la renonciation d'Hicham ne saurait l'empêcher d'établir sa filiation notamment en reconnaissant Flora ou de contester la filiation par le sang établie par un tiers.

En cas d'adoption, le jugement d'adoption peut être attaqué par la voie de la tierce opposition par les tiers en cas de fraude (C. civ., art. 381-2, *in fine*) et ce pendant trente ans (C. pr. civ., art. 586).

En l'espèce, même à admettre que Flora soit adoptée par Colette, Hicham pourra pendant trente ans agir contre le jugement d'adoption pour faire anéantir celle-ci et établir ensuite sa filiation.

En somme, la renonciation d'Hicham ne l'empêchera pas d'établir sa filiation sous réserve de respecter les délais pour attaquer la filiation charnelle ou comme, c'est prévu en l'espèce, la filiation adoptive.

B – L'adoption par Colette

En droit français, l'article 325 du Code civil précise que la filiation maternelle est établie par la désignation de la mère dans l'acte de naissance de l'enfant.

En l'espèce, Andréa est désignée comme la mère de l'enfant de sorte que la filiation maternelle est établie à son égard.

Le Code civil autorise l'adoption de l'enfant du conjoint et aménage à cet effet les conditions de l'adoption de droit commun. La règle est expressément prévue pour l'adoption plénière (C. civ., art. 345-1) et se déduit des textes pour l'adoption simple (C. civ., art. 360 et s.). En droit positif, seule l'adoption par le conjoint est autorisée. Pour l'heure ni le partenaire pacsé, ni le concubin ne le peuvent. Néanmoins, une proposition de loi est en cours de discussion au Parlement pour ouvrir l'adoption dite conjugale à tous les couples.

En l'espèce, Andréa est la mère légale de Flora, mais elle n'est pas mariée avec Colette. Afin d'envisager une adoption de Flora, soit les deux femmes doivent se marier, soit elles peuvent attendre l'adoption de la proposition de loi sur l'adoption (ce qui sera nécessairement plus long).

Il est conseillé aux deux femmes de se marier afin de pouvoir avoir recours à l'adoption conjugale.

Pour adopter plénièrement l'enfant de son conjoint, l'article 345-1 impose une situation de vide juridique dans l'autre branche parentale. Ainsi, une telle adoption est possible lorsque l'enfant n'a pas de filiation établie dans la seconde branche.

En l'espèce, faute de filiation établie avec Hicham, l'adoption plénière paraît en théorie ouverte.

D'autres conditions sont imposées par les textes. Ainsi, le conjoint-parent légal de l'enfant doit bien entendu consentir à l'adoption (C. civ., art. 347, 1°), une cohabitation de six mois est exigée (C. civ., art. 345, al. 1er) et le juge doit vérifier que les conditions de l'adoption sont remplies, notamment l'intérêt de l'enfant (C. civ., art. 353) et l'absence de fraude.

En l'espèce, il ne fait aucun doute qu'Andréa va consentir à l'adoption de Flora par Colette. La condition de cohabitation est remplie *a priori* puisque Flora est née le 1er septembre 2020. En revanche, le tribunal pourrait bien refuser l'adoption au motif qu'elle empêcherait le père biologique d'établir sa filiation (et donc considérer que l'adoption est contraire à l'intérêt de l'enfant), voire le tribunal pourrait même déceler la fraude ou à tout le moins la suspecter, faute pour les deux femmes de rapporter la preuve qu'elles ont eu recours ensemble à une procréation médicalement assistée.

En conclusion, il n'est pas certain que le tribunal judiciaire prononce l'adoption de Flora par Colette et dans l'affirmative un tel jugement pourrait être frappé d'une tierce opposition par Hicham.

La famille

Thème principal

Le concubinage

Mots-clés

Adoption de l'enfant d'un conjoint, Établissement de la filiation, Contestation de la filiation

Sujet donné et corrigé établi par

Julie Ha Ngoc, Maître de conférences, Université de Rouen

Premier semestre 2020-2021

› *Cas pratique*

Vous résoudrez le cas pratique suivant. Le rappel des faits n'est pas nécessaire.

Lola a rencontré Sébastien lors de vacances en Italie en 2014 et le couple s'est rapidement installé ensemble, sans que leur union ait été officialisée. En 2015, Lola a hérité de sa mère d'une maison dans le Sud de la France, dans laquelle elle s'est installée avec Sébastien. Ce dernier, qui cumulait des petits boulots de serveur et de saisonnier, l'aidait tous les mois à assurer les dépenses : gaz, électricité, téléphone même si tous les abonnements étaient au seul nom de Lola. En 2016, Lola a trouvé un emploi stable dans un magasin de vêtements de luxe. Le couple a alors, ensemble, souscrit un contrat de prêt d'un montant de 50 000 euros pour financer des travaux dans la maison de Lola. Cependant, après quelques mois de vie commune, Sébastien semble de plus en plus distant à son égard et rêve d'une vie avec plus d'aventures. Un soir d'été 2016, Lola a souhaité préparer un dîner romantique à Sébastien pour lui annoncer sa grossesse. Cependant, quelle ne fût pas sa surprise lorsqu'elle a vu sur la table de la cuisine un mot laissé par Sébastien : « Cette vie ne me correspond pas, je rêve d'aventures, je pars au bout du monde. Je viens de m'engager dans la Légion étrangère. Inutile de me chercher. Désolé ». Lola n'en revient pas ! Elle se retrouve seule, effondrée mais aussi très en colère, se demandant comment elle va réussir à s'en sortir seule.

Lola vous consulte une première fois en septembre 2016 pour vous demander ce qu'elle peut faire à l'encontre de Sébastien. Elle s'inquiète car la banque vient de la relancer pour régler la totalité des mensualités de prêt. Elle vous précise que le prêt a été souscrit par Sébastien et elle et que le contrat stipulait qu'« il n'existe pas de solidarité entre les emprunteurs ». Par ailleurs, elle n'a pas les moyens financiers de régler tous les mois les factures et se demande si elle peut contraindre Sébastien à continuer à les régler.

Le 15 janvier 2017, Lola donne naissance à sa petite fille Amélie, déclarée sous le seul nom de sa mère. Quelques mois plus tard, elle fait la rencontre dans sa boutique de Georges, un riche cinquantenaire. Georges est un célibataire endurci qui rêve de fonder une famille avec Lola dont il est follement épris. Celle-ci finit par accepter ses avances : si Georges, de 30 ans son aîné, n'est pas son prince charmant idéal, il est tellement gentil et attentionné à son égard qu'elle sait qu'avec lui, elle aura de la stabilité. Par ailleurs, Georges est particulièrement attaché à la petite Amélie. Le couple se marie un peu plus tard le 15 décembre 2017 et rapidement, Georges entreprend des démarches pour que la petite Amélie lui soit définitivement rattachée par une adoption.

Cependant, si Lola trouve son mari attachant et gentil (il ne cesse de la couvrir de cadeaux), elle n'a pour lui aucune attirance et rapidement, elle se montre infidèle et multiplie les aventures extraconjugales. Le 31 décembre 2018, Lola donne naissance à un petit garçon Romain, déclaré sous le nom de ses deux parents. Georges, ivre de bonheur par la naissance de son enfant, a même cessé son activité professionnelle pour s'occuper pleinement de Romain.

Cependant, la semaine dernière, il a trouvé une lettre tombée du sac à main de Lola et écrite par un certain Michaël. Ce dernier lui affirme qu'il n'entend pas renoncer à sa paternité et qu'il a reconnu Romain. S'ensuit alors une terrible dispute entre Georges et

Lola. Celle-ci avoue effectivement à son mari qu'elle a eu une liaison au moment de la conception de Romain et qu'il n'en est pas le père biologique. Cela en est trop pour Georges qui ne supporte pas d'avoir été traité ainsi. Il entend mettre fin immédiatement à son mariage et surtout, il n'entend plus assumer le rôle de père de la petite Amélie dont il n'est pas le père. En revanche, il se battra corps et âme pour que Romain demeure bien son fils.

Lola vous consulte à nouveau pour connaître le sort de ses enfants. Elle se demande tout d'abord, si Georges peut cesser d'assurer l'éducation d'Amélie et ensuite, s'il peut s'opposer à l'établissement du lien de filiation entre Romain et Michaël.

› *Préparation*

Analyse du sujet

Le sujet choisi cette année est un cas pratique transversal faisant appel à plusieurs points du programme : le concubinage et ses effets, l'adoption de l'enfant du conjoint et enfin la possibilité de contester un lien de filiation paternelle établi dans le cadre du mariage. Pour traiter ces différentes questions, l'étudiant devait non seulement avoir une bonne connaissance du cours, mais il fallait aussi qu'il démontre avoir un raisonnement juridique organisé et rigoureux. Le divorce n'était pas à traiter. Certes le couple comptait divorcer mais les questions posées aux étudiants ne portaient que sur la filiation des enfants.

Plan du corrigé

I/ Le paiement du prêt et des factures
II/ La filiation d'Amélie
III/ La filiation de Romain

› *Corrigé*

Lola nous consulte pour aborder trois questions que nous traiterons successivement : le sort du paiement du prêt et des factures en 2016 (I), la filiation de sa fille Amélie (II) et enfin celle de son fils Romain (III).

I/ Le paiement du prêt et des factures

Lola se demande si elle est tenue de payer l'intégralité d'un contrat de prêt conclu avec son compagnon et si ce dernier, qui l'a quittée, peut être tenu au paiement de factures courantes. Pour répondre à cette question, il faut déterminer la nature de la relation unissant les deux personnes, Lola et Sébastien. Les faits précisent que le couple vit sans avoir officialisé leur union. Il ne peut donc s'agir d'un mariage ou d'un Pacs. L'art. 515-8 du Code civil définit le concubinage comme « une union de fait caractérisée par une vie commune présentant un caractère de stabilité et de continuité, entre deux personnes, de sexe différent ou de même sexe, qui vivent en couple ». En l'espèce, les deux personnes vivent en couple, leur union est stable et continue puisqu'elle a duré plusieurs années. Lola et Sébastien sont donc des concubins au sens du Code civil.

Une concubine peut-elle être tenue de payer la totalité d'un prêt souscrit par deux concubins ?

Le concubinage étant une union de fait, il n'est pas régi par des règles spécifiques. Ainsi, il n'existe pas un principe de solidarité comme dans le mariage (C. civ., art. 212) ou dans le Pacs (C. civ., art. 515-4). La solidarité permet de demander le paiement à une personne même si elle n'a pas souscrit la dette ou la part de dette. Ainsi, dans le mariage, les époux sont solidairement tenus au paiement des dettes ménagères : toute dette contractée par l'un oblige solidairement l'autre. Cependant, la jurisprudence a, à plusieurs reprises, rappelé que la solidarité des dettes n'existe pas dans le concubinage (v. par ex., Civ. 1re, 2 mai 2001, pourvoi n° 98-22.836). Au contraire, chaque concubin n'est tenu de payer que sa propre dette. Il ne peut en aller différemment que si le contrat stipule une clause de solidarité.

En l'espèce, les deux concubins ont souscrit ensemble un contrat de prêt d'un montant de 50 000 euros. Le contrat stipulait une clause excluant toute solidarité entre les deux emprunteurs. Par conséquent, il n'existait pas en l'espèce de solidarité entre les deux concubins : chacun des deux n'est donc tenu de ne payer que sa part de dette. Par conséquent, Lola n'est pas tenue de rembourser la totalité des mensualités de prêt, elle ne doit régler que sa propre part (probablement la moitié).

Une concubine peut-elle demander à son ex-concubin de payer les factures afférentes à des dépenses courantes alors qu'elle a souscrit seule les contrats ?

Comme précédemment indiqué, il n'existe pas de solidarité entre les concubins et chacun est tenu de payer ses propres dettes. Par conséquent, les contrats pour l'électricité, le gaz et le téléphone ayant été souscrits au seul nom de Lola, seule cette dernière est tenue de les payer. Sébastien n'en est pas le débiteur.

En outre, le concubinage étant une union de fait, il n'existe aucune règle légale quant à la contribution aux charges communes à la différence des autres formes d'union. Ainsi, dans le mariage, l'article 214 du Code civil dispose qu'à défaut de convention contraire, les époux contribuent aux charges du mariage à hauteur de leurs facultés respectives. Une règle analogue existe pour le Pacs à l'article 514 du Code civil. Les dépenses relatives au gaz, à l'électricité et au téléphone constituent des charges de la vie commune. Cependant, il n'existe une fois encore, aucune règle légale de contribution aux dépenses entre les concubins. La jurisprudence a rappelé « qu'aucune disposition légale ne règle la contribution des concubins aux charges de la vie commune, de sorte que chacun d'eux doit, en l'absence de volonté exprimée à cet égard, supporter les dépenses de la vie courante qu'il a engagées » (v. par ex., Civ. 1re, 19 déc. 2018, pourvoi n° 18-12.311).

En l'espèce, Lola a seule souscrit les abonnements de sorte qu'elle doit seule en payer les factures, à l'exclusion de toute action contre son ex-concubin.

Une concubine peut-elle néanmoins obtenir une indemnité auprès de son ex-concubin ?

La rupture du concubinage est libre et aucune disposition n'en règle les conséquences. Cependant, en présence d'une rupture fautive, son auteur peut engager sa responsabilité délictuelle dans les conditions du droit commun telles qu'elles résultent de l'article 1240 du Code civil. Ainsi, en cas de faute dans la rupture, son auteur sera condamné à verser des dommages-intérêts en réparation. La faute dans la rupture peut résider dans les circonstances de celle-ci (rupture brutale, injurieuse…) ou dans ses motifs. En l'espèce, le concubin Sébastien était libre de mettre fin au concubinage. Cependant, son départ brusque en ne laissant qu'un mot écrit à Lola constitue une faute dans la rupture. Cette faute est de nature à engager sa responsabilité et Lola pourra obtenir réparation du préjudice subi, un préjudice moral (chagrin, atteinte à l'honneur…) et un préjudice matériel (le fait de la quitter brusquement sans se soucier de sa situation financière).

Pour conclure, Lola n'a pas à payer les mensualités de son ex-concubin mais ce dernier n'est pas tenu de payer les factures de la vie courante. En revanche, la concubine peut espérer obtenir des dommages-intérêts pour rupture fautive du concubinage.

II/ La filiation d'Amélie

Georges a effectué des démarches pour qu'Amélie lui soit définitivement rattachée par le biais d'une adoption. Aujourd'hui, il ne souhaite plus s'occuper de cet enfant dès lors qu'il n'en est pas le père biologique. Avant de voir si le lien de filiation peut être remis en cause, il convient de préciser quelle est la filiation d'Amélie. Pour ce faire, on étudiera la filiation de l'enfant à sa naissance puis son évolution.

On précisera tout d'abord que le lien de filiation est divisible entre la filiation maternelle et la filiation paternelle. En l'espèce, il faut préciser comment sera établi ce double lien. La filiation peut s'établir d'une part, de façon non-contentieuse c'est-à-dire par effet de la loi, par la volonté, ou par la possession d'état et d'autre part, de façon contentieuse par des actions en justice. Ainsi, nous étudierons les modes d'établissement de la filiation de l'enfant à l'égard de Lola puis de Georges.

Pour la filiation maternelle, la solution est simple : la mère est celle qui a accouché de l'enfant. En effet, selon le Code civil (C. civ., art. 311-25), la filiation maternelle est établie par l'indication du nom de la mère dans l'acte de naissance. Cette règle joue que la mère de l'enfant soit mariée ou non. Ainsi, l'indication du nom de Lola dans l'acte de naissance suffira à établir le lien de filiation maternelle à l'égard de son enfant. En l'espèce, Lola a accouché de sa fille et son nom a dû figurer sur l'acte de naissance puisque rien dans les faits n'indique l'existence d'un accouchement sous X.

En ce qui concerne la filiation paternelle, la solution est différente. À la naissance, l'enfant Amélie n'avait aucune filiation paternelle établie puisque son père biologique, Sébastien, était parti et n'était même pas informé de la grossesse de Lola. Aucune paternité n'a donc pu être établie par la loi, par reconnaissance ou par possession d'état.

Georges indique avoir adopté définitivement la petite Amélie. Quelle peut être l'adoption faite par une personne de l'enfant de son conjoint ?

Il existe deux types d'adoption : l'adoption plénière ou l'adoption simple. La première rompt tout lien avec la famille d'origine. L'adoption simple permet quant à elle d'ajouter un lien de filiation, sans rompre ceux avec la famille d'origine. *A priori*, si Georges a fait des démarches pour qu'Amélie lui soit définitivement rattachée, il s'agit probablement d'une adoption plénière.

Quelles sont les conditions de l'adoption plénière ? En principe, elle vise les enfants n'ayant pas ou plus de lien de filiation (C. civ., art. 347). Or, ici, Amélie a bien une filiation maternelle. Cependant, il existe une adoption spécifique : l'adoption de l'enfant du conjoint. Celle-ci est possible notamment lorsque l'enfant n'a de filiation établie qu'à l'égard du conjoint ou lorsque le parent de l'enfant autre que le conjoint est décédé sans laisser d'ascendants au premier degré ou si ces derniers se désintéressent manifestement de lui (C. civ., art. 345-1). En l'espèce, cette condition est remplie à l'égard d'Amélie laquelle n'a pas de filiation paternelle établie au jour de sa naissance.

Quelles sont les autres conditions de l'adoption de l'enfant du conjoint ? L'adopté mineur doit avoir moins de 15 ans et il doit y avoir 10 ans d'écart avec l'adoptant. En l'espèce, Amélie est née en 2017 et avait donc moins de 15 ans lors du mariage de sa mère avec Georges la même année. Cette condition était donc remplie. Enfin, le mari a plus de 50 ans au moment de son mariage, il y a donc bien 10 ans d'écart. Il existe également des conditions de forme pour le consentement de l'adoptant et une procédure à suivre mais on peut penser que toutes ces formalités ont été respectées.

Quels sont les effets de l'adoption plénière ? En principe, elle rompt tout lien avec la famille d'origine sauf pour l'adoption plénière de l'enfant du conjoint. Les liens sont maintenus avec le parent par le sang. Amélie, à la suite de son adoption, est donc bien devenue la fille de Georges tout en maintenant ses liens avec sa mère Lola.

Georges peut-il revenir sur le lien d'adoption ? L'adoption plénière est irrévocable. George ne peut prétendre qu'il n'est pas le père biologique pour revenir sur l'adoption dès lors que l'adoption est en tout état de cause une filiation artificielle qui ne repose pas sur une vérité biologique. Par conséquent, Georges ne peut aujourd'hui prétendre qu'Amélie ne sera pas sa fille et cesser à son égard toutes les obligations liées à l'autorité parentale.

III/ La filiation de Romain

Romain est né de deux parents mariés. Cependant, l'épouse avoue à son mari qu'elle a eu une relation extraconjugale et que le mari n'est pas le père biologique de l'enfant. Le véritable père biologique a reconnu l'enfant et souhaite établir un lien de filiation, ce que refuse le mari.

Le père biologique peut-il établir un lien de filiation avec un enfant issu d'un couple marié ?

Il faut tout d'abord préciser la filiation de Romain à sa naissance. Comme précédemment indiqué, la mère est celle qui accouche et la filiation maternelle est établie par l'indication du nom de la mère. En l'espèce, l'enfant a bien été déclaré sous le nom de ses deux parents Lola et Georges donc Romain a un lien de filiation maternelle avec Lola.

Pour la filiation paternelle, celle-ci peut s'établir par la loi dès lors que les deux parents de l'enfant sont mariés. En effet, selon l'article 312 du Code civil, l'enfant conçu ou né pendant le mariage a pour père présumé le mari de la mère. En l'espèce, cette présomption s'applique-t-elle à Georges et Romain ? Il faut vérifier que l'enfant a été conçu pendant le mariage. Pour cela, la loi présume que l'enfant a été conçu entre le 300e et le 180e jour précédant la naissance. En l'espèce, Romain est né le 31 décembre 2018 et ses parents se sont mariés le 15 décembre 2017, soit plus d'un an avant la naissance. Romain a donc été conçu pendant le mariage et la présomption de paternité s'applique. La filiation paternelle de Georges a donc été établie par l'effet de la loi. La présomption de paternité sera écartée dans deux hypothèses : lorsque l'enfant a été conçu pendant une période de séparation légale des époux ou si le nom du mari n'apparaît pas dans l'acte de naissance. En l'espèce, ces deux exceptions ne s'appliquent pas : l'enfant a été conçu en dehors de toute période de séparation légale le mariage et il a bien été déclaré avec le nom du mari. À sa naissance, Romain avait un double lien de filiation à l'égard de Georges et Lola.

Le lien de filiation établi par la loi peut-il être remis en cause par l'auteur d'une reconnaissance se prétendant le véritable père ? Les faits ne précisent pas si la reconnaissance est prénatale ou postnatale. En effet, si elle est prénatale, l'article 336-1 du Code civil prévoit un conflit de filiations entre le mari et l'auteur de la reconnaissance, conflit devant être tranché par le juge. Cependant, cet article vise l'hypothèse d'un officier ayant une reconnaissance prénatale et un mari venant déclarer l'enfant. Dans les faits de l'espèce, le conflit de filiation surgit bien après la naissance. Il y a donc peu de chance que l'on soit dans l'hypothèse de l'article 336-1. *A priori*, il faut partir sur une reconnaissance postnatale.

Conformément à l'article 320 du Code civil, une nouvelle filiation ne peut être établie que si l'ancienne a été détruite. Quelles sont les possibilités pour contester la filiation paternelle de Romain ? Les possibilités de contestation d'une filiation dépendent si l'enfant a un titre corroboré par une possession d'état ou un seul des deux. En l'espèce, Romain a-t-il une possession d'état à l'égard de Georges ?

La possession d'état est une présomption légale attachée à la filiation. Avoir la possession d'état d'un enfant en matière de filiation revient à se comporter et à être traité comme si l'on était l'enfant d'une personne. L'art. 311-7 du Code civil définit plusieurs éléments à la possession d'état. Classiquement, on la décompose en trois éléments que sont le nom (*nomem*), la réputation (*fama*) et le traitement (*tractatus*) étant précisé que la réunion des trois n'est pas obligatoire. Ces éléments sont-ils réunis en l'espèce ? Tout d'abord, le *nomen* est le fait pour l'enfant de porter le nom de celui qui se comporte comme étant son parent. En l'espèce, cette condition est remplie, Romain portant le nom de son père. Ensuite, le traitement est le fait d'être traité comme l'enfant des personnes qui s'occupent de lui et que l'enfant traite ces dernières comme ses parents. En l'espèce, Georges a arrêté de travailler pour s'occuper de son fils, cette condition est donc remplie. Il en est de même probablement de la réputation laquelle se définit comme le fait que l'enfant soit reconnu comme celui dont on le dit issu dans la société et par la famille. En outre, la possession d'état doit présenter certains caractères : elle doit être continue, paisible, publique et non équivoque (C. civ., art. 311-2). Ces caractères s'appliquent en l'espèce puisque l'on a vu que Georges, le père comblé par la naissance, s'occupe pleinement de son fils. En conclusion, Romain a donc une possession d'état corroborée par un titre.

Les possibilités pour agir en contestation d'une filiation établie par titre et possession d'état dépendent de la durée de cette dernière, selon qu'elle a duré cinq ans ou plus. Si tel est le cas, la filiation ne peut plus être attaquée. En revanche, lorsque la possession d'état a duré moins de cinq ans, ce qui est le cas en l'espèce, la filiation peut être contestée par l'enfant, ses père et mère ou celui qui se prétend être le véritable parent de l'enfant. L'action pourra donc être introduite par Michaël, prétendu père biologique. Quelle preuve devra-t-il rapporter ? Michaël devra prouver que le mari n'est pas le père. En effet, la paternité peut être contestée en prouvant que le mari ou l'auteur de la reconnaissance n'est pas le père de l'enfant. Pour rapporter cette preuve, il pourra se fonder sur une expertise biologique laquelle est, selon une jurisprudence constante de la Cour de cassation (Civ. 1re, 28 mars 2000), de droit sauf s'il existe un motif légitime de ne pas y procéder. En l'espèce, dans le cadre d'une action en contestation de paternité, l'expertise sera de droit.

Michaël pourra donc remettre en cause le lien de filiation entre Georges et Romain. L'action aura un effet rétroactif et Georges ne sera plus le père de Romain. Une fois cette filiation détruite, la reconnaissance faite par Michaël de l'enfant Romain sera efficace et Michaël sera considéré comme ayant toujours été le père de l'enfant.

Pour conclure sur la filiation, Georges continuera à être le père de la petite Amélie. En revanche, son lien de filiation avec Romain pourra être détruit et Michaël sera considéré comme son véritable père par l'effet de la reconnaissance.

La famille

› *Cas pratique*

Thème principal

La filiation

Mots-clés

Contestation, Principe chronologique, Pacs, Rupture

Jade file le parfait amour avec Pierre qu'elle a rencontré sur les bancs de l'Université alors que les cours de L1 étaient encore en présentiel… Le coup de foudre a été immédiat : jamais ils n'avaient ressenti de tels sentiments, une telle complicité, de telles affinités… C'est pourquoi ils n'ont pas tardé à s'installer ensemble, dans un appartement loué rue des lois, et à se pacser. Les premières semaines furent un bonheur parfait. Mais depuis quelque temps, Jade est soucieuse. Elle est enceinte et se demande si le géniteur est Pierre (ce serait une merveilleuse concrétisation de leur amour) ou Grégoire (qu'elle a rencontré un peu avant Pierre) avec lequel elle a eu une brève liaison qu'elle qualifie elle-même comme « sans importance »…

Six ans ont passé : Pierre, Jade et Léa vivent ensemble dans un bonheur parfait. Jade a indiqué son nom dans l'acte de naissance de l'enfant. Et Pierre a reconnu Léa dès sa naissance. Pierre est aujourd'hui un brillant avocat et Jade, qui n'a pas d'activité professionnelle rémunérée, a entrepris la rédaction d'une thèse de doctorat en droit. Les deux partenaires ont acheté ensemble l'appartement de la rue des lois dans lequel ils habitent depuis leur rencontre. Alors qu'il n'avait pas donné de nouvelles depuis toutes ces années, Grégoire se manifeste subitement et demande à rencontrer Léa, dont il affirme qu'elle est « sa » fille. Jade n'ose pas en parler à Pierre (elle redoute sa réaction), mais Grégoire est déterminé : il indique que faute d'accord amiable sur un droit de visite et d'hébergement, il saisira le juge

Sujet donné et corrigé établi par

Thierry Garé, Professeur, Université de Toulouse 1 Capitole

Second semestre 2020-2021

pour « faire établir sa paternité en justice », à moins qu'il ne reconnaisse l'enfant. Sur les conseils d'un ami, il envisage aussi d'invoquer la possession d'état...

Prise de panique, Jade raconte tout cela à Pierre. Comme elle le redoutait, celui-ci réagit mal : il lui annonce sa volonté de les quitter, elle et l'enfant, et de contester sa reconnaissance. Il vient d'ailleurs d'envoyer à Jade une lettre recommandée de rupture du Pacs...

Vous exposerez les conséquences juridiques de cette situation.

L'épreuve ayant eu lieu à distance, tous les documents étaient autorisés. Les copies ont été systématiquement soumises à un logiciel anti-plagiat.

› Préparation

Analyse du sujet

Le sujet ne présentait pas de difficulté particulière de compréhension. Pour le traiter, les étudiants devaient néanmoins avoir une bonne connaissance du droit de la filiation et de la rupture du pacte civil de solidarité. De plus, le cas pratique ne contenant aucune question, les étudiants devaient dégager eux-mêmes les problèmes à résoudre, ce qui suppose un certain discernement.

Plan du corrigé

I/ La remise en cause de la filiation paternelle de Léa
A – L'établissement de la paternité de Grégoire
B – La contestation de la reconnaissance de Pierre
II/ Les conséquences de la rupture du Pacs
A – À l'égard de la partenaire, Jade
B – À l'égard de l'enfant commun, Léa

› Corrigé

Introduction

L'introduction du cas pratique doit contenir le résumé des faits pertinents (et non un résumé plus long que l'énoncé !), la présentation des problèmes à résoudre et l'annonce du plan retenu pour les traiter.

Deux jeunes gens (Jade et Pierre), qui se sont connus à l'université, se sont mis en couple. Ils ont conclu un Pacs et, quelque temps après, ont eu une petite fille, Léa. Les deux parents ont également acheté ensemble l'appartement dans lequel vit la famille. Six ans après la naissance de l'enfant, un autre homme, Grégoire, avec lequel la mère a eu une courte liaison avant de connaître Pierre, revendique un droit de visite sur l'enfant. À défaut d'accord de la mère, il envisage d'établir son lien de filiation sur Léa. La mère raconte cela à son compagnon, Pierre, qui décide alors de rompre le Pacs et de contester son lien de filiation sur l'enfant Léa. Ces faits soulèvent deux difficultés principales : le lien de filiation de Léa peut-il être mis en cause (I) ? Et quelles sont les conséquences de la rupture du Pacs par Pierre (II) ?

I/ La remise en cause de la filiation paternelle de Léa

Grégoire souhaite pouvoir établir sa paternité sur Léa (A), alors que Pierre envisage de contester la reconnaissance qu'il a souscrite (B).

A – L'établissement de la paternité de Grégoire

Grégoire se prétend le véritable père de l'enfant. Il veut établir sa paternité sur Léa et, pour cela, il envisage trois moyens : l'action en justice, la reconnaissance et la possession d'état.

• L'action en justice lui permettrait de demander une expertise, laquelle est de droit en matière de filiation (Civ. 1re, 28 mars 2000, n° 98-12.806). Encore faut-il que cette action en justice soit recevable (C. civ., art. 310-3, al. 2). Or, en l'espèce, Léa a déjà une paternité établie à l'égard de Pierre. Le principe chronologique (C. civ., art. 320) interdit à Grégoire d'engager une action aux fins d'établissement de sa paternité. Il doit, d'abord, contester la reconnaissance souscrite par Pierre. Or, cette contestation semble, elle aussi, impossible. En effet, Pierre a reconnu Léa dès sa naissance ; il vit avec elle et la considère comme sa fille ; il lui donne donc la possession d'état. Quant à Grégoire il se manifeste six ans après la reconnaissance de l'enfant par Pierre. En application de l'article 333, al. 3, du Code civil, la filiation paternelle de Léa ne peut plus être contestée car il existe une possession d'état conforme à l'acte de naissance qui a duré plus de cinq ans. Seul le ministère public pourrait agir en cas de fraude, ce qui n'est pas le cas ici.

• Grégoire envisage ensuite la possibilité d'une reconnaissance. Mais, là encore, le principe chronologique interdit à l'officier d'état civil d'enregistrer cette reconnaissance puisque l'enfant a déjà une filiation paternelle établie à l'égard de Pierre. Pour reconnaître, Grégoire doit d'abord contester la paternité de Pierre, et l'on vient de voir que cela n'est pas possible.

• Grégoire envisage, enfin, de se fonder sur la possession d'état. L'argument paraît fantaisiste car rien dans l'énoncé ne permet de penser qu'il existe une possession d'état entre lui et l'enfant ; notamment il n'y a ni *tractatus*, ni *fama*... Mais même en admettant qu'une telle possession d'état existe, Grégoire ne peut saisir le juge d'une action en constatation de possession d'état car le principe chronologique l'interdit (note 3 sous l'art. 320).

En conséquence, il semble impossible pour Grégoire d'établir son véritable lien de filiation. En cas d'épuisement des voies de recours internes, il pourrait éventuellement porter son affaire devant la Cour européenne des droits de l'homme et invoquer la jurisprudence *Pascaud c. France* (CÈDE 8 nov. 2012, req. n° 19535/08).

B – La contestation de la reconnaissance de Pierre

À la suite des révélations que lui a faites Jade, Pierre a un doute sur sa paternité et envisage, lui aussi, de contester la reconnaissance qu'il a souscrite. La contestation de reconnaissance nécessite la preuve de la non-paternité de l'auteur de celle-ci. Et Pierre pourrait ainsi saisir le juge et lui demander, avant dire droit, d'ordonner une expertise (laquelle est de droit : Civ. 1re, 28 mars 2000, n° 98-12.806, préc.).

Reste que la situation est la même que dans le cas de Grégoire : Pierre vit avec Léa et, selon toute vraisemblance, il s'en occupe comme si elle était sa fille. Une possession d'état de plus de cinq ans semble donc exister. Et Pierre ne peut pas contester la reconnaissance qu'il a souscrite. Qu'il soit, ou non, le père biologique de Léa, la possession d'état, qui consacre une filiation affective, l'emporte. Il ne peut contester sa reconnaissance.

En conclusion de cette première partie, on constate que la filiation de Léa est inattaquable. Reste que Pierre a rompu le Pacs qui le liait à la mère de Léa.

II/ Les conséquences de la rupture du Pacs

De façon assez classique, il était possible de distinguer les conséquences de la rupture à l'égard de Jade (A) et à l'égard de l'enfant commun (B).

A – À l'égard de la partenaire, Jade

En cas de rupture du Pacs par LRAR, la date de la rupture est le jour où elle a été enregistrée (C. civ., art. 515-7, al. 7).

Sur le plan personnel, les partenaires ne seront plus tenus des devoirs de communauté de vie (ils devront donc résider séparément) ni du devoir d'aide mutuelle (C. civ., art. 515-4).

Sur plan patrimonial, les partenaires devront procéder ensemble à la liquidation et au partage de leurs biens. Le régime patrimonial du Pacs étant la séparation de biens (C. civ., art. 515-5), ils n'ont sans doute pas beaucoup de biens en commun. Mais l'énoncé indique qu'ils ont acheté ensemble l'appartement qui sert de résidence à la famille. Cet appartement est donc indivis entre eux. Chacun a vocation à recevoir la moitié de la valeur de l'appartement lors du partage. Dès lors, deux possibilités se présentent : ou bien l'appartement est vendu et les partenaires se partagent le prix de vente, ou bien l'un des partenaires souhaite conserver l'appartement et il doit, alors, racheter la part de l'autre.

Jade étant victime de la rupture unilatérale du Pacs, elle peut, depuis la décision du Conseil constitutionnel du 9 nov. 1999, obtenir des dommages intérêts sur un fondement délictuel (C. civ., art. 1240 et s.) en réparation du préjudice matériel et moral que lui cause la rupture. En l'espèce, Jade peut peut-être invoquer le caractère brutal de la rupture et le fait qu'elle se trouve dans une situation financière difficile puisqu'elle n'a pas d'activité professionnelle rémunérée. Le montant des dommages-intérêts qui lui seront éventuellement accordés sera fixé souverainement par le juge.

B – À l'égard de l'enfant commun, Léa

Le lien de filiation de Léa à l'égard de Pierre ne pouvant être remis en cause, il suffit d'indiquer ici que l'autorité parentale sera en principe exercée en commun (C. civ., art. 373-2) ; que Jade et Pierre devront s'accorder sur la résidence de Léa et sur les droits de visite et d'hébergement ; et qu'enfin, Pierre sera tenu de verser une contribution à l'entretien de l'enfant, dont le montant sera fixé amiablement entre les parents ou à défaut par le JAF.

Barème indicatif :
Introduction : *5 points* / Ire partie : *9 points* / IIe partie : *6 points*
La rigueur du raisonnement juridique et l'intelligence des développements ont été récompensées. Il a été retiré jusqu'à 4 points pour la forme.

Index

Certifié PEFC
Ce produit est issu de forêts gérées durablement et de sources contrôlées.
PEFC 10-31-3068
pefc-france.org

Photocomposition SCM, Toulouse

720622 (I) OSB 70g SCM (CDR)
Imprimé par CPI Bussière en août 2021
dépôt légal : septembre 2021
N° d'impression : 2059752

Imprimé en France

LES ANNALES DU DROIT 2022

INTRODUCTION AU DROIT ET DROIT CIVIL

MÉTHODOLOGIE & SUJETS CORRIGÉS

SOUS LA DIRECTION DE

THIERRY GARÉ

PROFESSEUR À L'UNIVERSITÉ TOULOUSE 1 CAPITOLE

DALLOZ

DALLOZ

31-35, rue Froidevaux, 75685 Paris Cedex 14

ISBN 978-2-247-20622-3